新课标背景下高中英语教学改革与创新

赵 琴 刘君杰 黄 军 ◎著

北京燕山出版社
BEIJING YANSHAN PRESS

图书在版编目（CIP）数据

新课标背景下高中英语教学改革与创新 / 赵琴，刘
君杰，黄军著. -- 北京 ： 北京燕山出版社，2023.7
　　ISBN 978-7-5402-6943-2

　　Ⅰ．①新… Ⅱ．①赵… ②刘… ③黄… Ⅲ．①英语课
－教学改革－研究－高中 Ⅳ．①G633.412

　　中国国家版本馆 CIP 数据核字(2023)第 090952 号

新课标背景下高中英语教学改革与创新

作　者	赵　琴　刘君杰　黄　军
责任编辑	王　迪
出版发行	北京燕山出版社有限公司
社　址	北京市西城区椿树街道琉璃厂西街20号
电　话	010-65240430
邮　编	100052
印　刷	北京四海锦诚印刷技术有限公司
开　本	787mm×1092mm　1/16
字　数	202千字
印　张	11.5
版　次	2023 年 7 月第 1 版
印　次	2023 年 7 月第 1 次印刷
定　价	76.00 元

作者简介

赵琴，女，中学一级教师，2007年毕业于重庆师范大学英语师范专业，现为重庆市铜梁一中教师。所撰写论文10余篇，均获得国家级或市级一、二、三等奖。参研两个课题研究，均为重庆市铜梁区教育课题：高考英语书面表达鉴赏与应用研究，课题编号：tlkt-2018-014;"互联网+"背景下优化高中英语听力训练的途径与策略研究，课题编号：tlkt-2016-028。参研重庆市2020年普通高中精品选修课程：高中英语听力训练网络教程，获重庆市优秀精品课程称号。也曾多次被铜梁区和学校评为"优秀班主任"。

刘君杰，男，中学英语高级教师，毕业于重庆师范大学外国语言学及应用语言学专业，获文学硕士学位，现为重庆市荣昌中学校教师。获得"荣昌区教学质量标兵""荣昌区优秀教师""荣昌区中学英语骨干教师""重庆市高中英语骨干教师"称号，并获得区政府"嘉奖"和"记功"奖励。指导李义菊获得"一师一优课 一课一名师"部级优秀奖，指导多名教师获得区优质课大赛一、二等奖。

黄军，男，2005年毕业于安徽师范大学，现为蒙城一中高中英语教师。参加工作17年来，一直坚守在教育教学工作第一线。由于自己的刻苦努力，工作成绩突出，为蒙城一中教育教学质量的提高做出了卓越的贡献。由于班主任工作成绩突出曾获得亳州市先进班集体。由于教学工作成绩斐然，本人也获得蒙城县优秀教师称号。

对教学研究有兴趣，不断总结教学经验，努力提高教学艺术水平，力争精益求精。并在课堂中进行高效课堂实践和探索，取得了良好的效果。他在工作之余也喜欢就英语教学发表一些自己的个人见解，曾先后在《空中美语》《中学生英语》等期刊上发表过一些教学论文。

前　言

新的英语课程标准使我国蓬勃开展的基础教育课程改革进入了一个新的发展阶段。与以往的课程相比较，新的高中课程发生了许多根本性的变化。新的英语课程更加强调从学生的学习兴趣、生活经验和认知水平出发，倡导体验、实践、参与、合作与交流的学习方式，发展学生的综合运用能力。英语是高中教育的重要学科之一，传统教学模式在新课程改革标准下面临极为严峻的考验，需要教师结合学生学情重新优化教学方案，充分尊重学生主体地位，促使学生深入理解所学新知，并形成良好的学习与思考习惯，改变被动式学习形式，全面提高英语课堂教学效率，这对学生未来发展有着重要现实意义。

本书是新课标背景下高中英语教学改革与创新方向的著作，本书从英语教学综述介绍入手，针对英语教学的内涵、英语教学的影响因素、英语教学的基本原则进行了分析研究；另外对新课标背景下高中英语教学设计、教学技能、教学策略以及英语课堂管理做了一定的介绍；还剖析了新课标背景下高中学生英语核心素养培养等内容；旨在摸索出一条适合新课标背景下高中英语教学的科学道路，帮助其工作者在应用中少走弯路，运用科学方法，提高效率。对新课标背景下高中英语教学改革与创新研究有一定的借鉴意义。

在本书的策划和编写过程中，曾参阅了国内外有关的大量文献和资料，从其中得到启示；同时也得到了有关领导、同事、朋友及学生的大力支持与帮助。在此致以衷心的感谢。本书的选材和编写还有一些不尽如人意的地方，加上编者学识水平和时间所限，书中难免存在缺点，敬请同行专家及读者指正，以便进一步完善提高。

本书通过分析中小学教学及信息发展的相关内容，有着科学性、全面性、时代性、实用性等显著特点，可以供读者参考，并为理论研究者的进一步研究提供基础。

笔者在撰写本书的过程中，得到了许多专家、学者的帮助和指导，在此表示诚挚的谢意。由于笔者水平有限，加之时间仓促，书中所涉及的内容难免有疏漏之处，希望各位读者多提宝贵的意见，以便笔者进一步修改，使之更加完善。

目 录

第一章　英语教学综述

第一节　英语教学的内涵

一、教学

随着社会的发展和研究的逐渐深入，"教学"一词的含义也越来越丰富。归纳起来，可以从下面五个方面理解教学：

第一，教学是一种活动。对于教师而言，教学就是指导学生学习的教育活动；对于学生而言，教学是在教师的指导下进行的学习活动。在教学活动过程中，学生在教师的指导下掌握知识、技能，发展能力，同时身心得到一定的发展，形成相关的思想品德。

教学活动是有目的的活动。教学是学校教育最主要的教育活动，具有明确的目的。不同学科的教学既有共同的教学目的，也有各自不同的教学目的。在不同的学年、学期、星期，教材、单元、课文、活动中，教学目的表现为不同的教学目标。教学是师生双方教与学的共同活动。没有教师有计划的教，就不可能有教学活动。但更加关键的是，没有学生主动积极的学，就没有教学活动。总之，教学是教与学相结合、相统一的活动。因此，从师生活动这一角度看，教学是教师引导、学生主导的互动活动。

第二，教学需要采用一定的教学方法，还要借助一定的教育技术手段。教学由于具有深厚的历史沉淀而形成了大量有效的教学方法。现代科学技术特别是信息技术的发展，为教学提供了众多可以借助的教育技术手段。

第三，教学具有计划性、系统性。教学是系统的、有计划的学校教育活动，通常表现在课程计划上以及教学计划上。即使某一次具体活动没有明确的系统性和计划性，教学在总体上仍然具有系统性和计划性。教学的这种系统性和计划性是由教育行政机构、学校以及教师制定的。

第四，教学有具体的内容。教学是一定知识与技能的传递，是人类生存经验的传递。这些知识、技能、经验表现为具体的课程内容和教学内容。教学内容具有不同的详细内容和层次。

第五，教学是一个过程。教学不仅是教师教的过程，也是学生学习并在学习中全面发展的过程。

综上所述，教学是学生在教师的引导下，在有计划的、系统性的过程中，依据一定的内容，按照一定的目的，借助一定的方法和技术，主动学习和掌握知识、技能，从而获得全面发展的活动。

二、英语教学

英语教学是一种教育活动。对教师而言，教学是引导学生学习的教育活动；对学生来说，教学是在教师的引导下的学习活动。学生是否得到发展是教学能否实现其目标的关键。教学是一个师生互动的过程，是教师教和学生学，共同完成预定任务的双边统一的活动。具体来说，英语教学的内涵主要包括以下三个方面的内容：①英语教学是有目的的活动。在英语教学的不同阶段，其教学有着不同的目标，而教学目标又具体分为不同的领域与层次。②英语教学带有系统性和计划性。这种系统性主要体现在其制定者主要为教育行政机构、教研部门和学校的教学管理者等。英语教学的计划性指的是对英语基础知识的计划性教学，如英语语音、词汇、语法、写作、阅读等具体知识和技能的传递。③英语教学需要采取合理的教学方法和教育技术。英语教学经过深厚的历史积淀，形成了大量有效的教学方法。现代科学技术，尤其是信息技术的发展，为英语教学提供了可以借助的多种教育技术。

综合来看，英语教学可以这样理解，即它是教师依据一定的英语教学目的与教学目标，在有计划的系统性的过程中，借助一定的方法和技术，以传授和掌握英语知识为基础，促进学生整体素质发展的教与学相统一的教育活动。

第二节　英语教学的影响因素

一、教师

在我国，英语作为一门外语，其使用范围有限，绝大多数英语学习者主要是通过课堂教学来完成英语的学习，这自然离不开教师的引导作用。教师是教学活动的组织者，也是影响教学效果的重要变量之一。教师的主导作用是在与学生的交往中实现的。教师在教学过程中，除了要充分发挥出自身的主导作用，更要注重自身素质的提高。教师的基本素质包括专业素养、人格素养、师德素养三个方面。

（一）专业素养

归纳起来，教师专业方面的素养主要包括以下六个方面：

1. 系统的教学理论知识

系统的教学理论知识是英语教师必须掌握的。教师除了要具备教育学、心理学理论以外，还要掌握外语教学理论知识，这主要包括现代语言知识、外语习得理论知识和外语教学法知识等。

2. 较高的语言水平

较高的语言水平是一名英语教师的基础，主要包括扎实的语言专业知识和较高的语言技能。只有教师自己具备较高的语言水平，才能够全面地掌握教材，才有能力将知识传授给学生。教师不仅要具备系统的英语语音、语法知识，还要具备较大的词汇量，同时要具有良好的听、说、读、写能力。

3. 综合教学能力

综合教学能力是指在英语教学中所需要的语言本身之外的教学能力，主要包括唱歌、书写、绘画、制作、表演等。具体来说，能唱是指能够结合学生学习的进程编写、教唱学生喜爱的英文歌曲；能写是指书写字迹工整规范；能画是指会画简笔画，并能运用于教学之中；能制作是指能够设计制作适用于教学的各种教具，包括幻灯片、录像、电脑软件等；能表演是指能够充分利用体态语，以丰富的表情、协调的动作表达意义或情感，做到有声有色。

4. 外语教学的组织能力

外语教学的组织能力主要指教师动员和组织学生集体进行学习的能力。这一能力主要表现在教师有效地掌握课堂、有效地动员学生积极参加学习等方面。在有效掌握课堂方面，教师要做到以下四点：注意教材内容、自己的言语表达；注意学生理解和表达的正确性，包括语音、语法、词汇及思想表达等方面的内容；注意课堂情绪和纪律；注意掌握学生的注意力。做到以上四点，教师就可以使课堂教学井然有序。要有效动员学生积极参与学习，教师需要具有一定的创造性。教师一进课堂就会进入一种创造性的境界，思维活跃，能够很容易地自由运用知识技能，从而使学生得到有力的感染，愿意全身心地投入教师引导的学习活动之中。教师流利的英语口语本身就是动员学生的一种力量，教师发音要清晰、准确流利，内容易懂、明确。而且，还要能够根据学生的语言水平来组织自己的语言，使用学生学习过的词汇和语法结构。

5. 传授和培养英语知识技能的能力

具体来说，教师传授知识技能的能力主要涉及以下五个方面：

（1）教师要善于讲解

讲解是所有教师必须具备的最主要、最基本的工作能力。一名合格的教师要善于将复杂的教学内容变得通俗易懂，能够深入浅出地进行讲解。为此，教师不仅要充分了解学生的心理、生理特点以及学生的英语水平，还要认真细致地备课，并且要根据不同的内容选择适当的讲授方法，在讲解的过程中还要做到重点突出。

（2）教师要善于示范

英语教学既要传授知识，又要培养技能。学生语言技能的训练包括发音、书写、朗读、说话，这些都需要教师进行示范，然后学生对教师的示范进行模仿。教师要将示范和讲解结合，用示范配合讲解，或者用讲解来突出示范中的重点，做到示范正确标准。示范是为了让学生进行模仿，因此要与学生的实践相结合。

（3）教师还要善于提问启发

向学生提问是英语教学的重要手段，教师要善于使用这一手段。例如，在讲授新知识之前通过提问来复习旧知识；用提问检查与复习讲授的内容。使用提问教学手段时教师要注意：提出的问题要适合学生的实际水平，提问要注意调动全班学生的积极性。

（4）教师要善于引导学生进行练习

语言技能的培养需要大量的语言实践，如语音练习、语法练习、口语表达练习、听力培养练习、阅读练习、写作练习等。教师要熟悉各种练习形式的作用，并在英语课堂教学中引导学生进行各种练习活动，有效培养学生的语言技能。

（5）教师要善于纠正学生言语中的错误

学生学习英语是一个逐步进步的学习过程，在这个过程中难免会出现错误。有些错误是学生可以自行改正的，教师对此类错误不必纠正。而对于有些必须纠正的错误，教师应该有策略、有技巧地进行纠正。哪些错误需要纠正，哪些错误无须纠正，在何时纠正、如何纠正，都反映着教师的教学实践素质。

6. 较强的科研能力

过去，英语教学只要求教师具备一定的语言水平和教学水平。但是随着时代的发展，教育对教师提出了新的要求，教师除了语言水平和教学水平，还要具备较强的教育科研意识和科研能力。

一名优秀的英语教师不仅是教学的实践者，还应该是科研参与者，是英语教学与学习规律的研究者。长期以来，我国的英语教学在很大程度上是照搬国外的英语教学理论和教学方法。这在一定程度上促进了我国英语教学的发展。但是，这些理论和方法大多是针对第二语言学习者而提出的，而且中国的英语教学具有自己独特的语言文化背景，中国的学习者具有自己独特的生理与心理特点，因此这些理论与方法不一定适合我国的英语教学。为了提高我国英语教学的效果，我们不应满足于借鉴国外的教学理论与方法，还要充分考虑中国的特色，结合我国的教学实践，通过融合与创新，努力探索具有中国特色的英语教学之路。为此，教师应该结合自己的教学经验和教学实践，通过不断调查研究教学实践过程，分析总结经验，改进教学，并将其中成功的经验上升为新的理论，丰富我国的英语教学实践，促进我国英语教学的发展。

（二）人格素养

人格素养是教师素养的综合体现。"学高为师，身正为范"概括了教师的职业特征和专业特征，同时概括了对现代英语教师人格塑造的要求。一名优秀的英语教师应具有高尚的道德品行，令人愉快的个人性格，宽容、谦逊、好学的品质，正确的自我意识，良好的心理素质，幽默的语言表达，和谐的人际交往，端庄的仪表风度，崇高的审美素质，积极耐心的工作态度以及丰富的知识经验等。这些方面并不是孤立的，而是相互联系、相互影响的。

（三）师德素养

现代高中教学十分重视对学生的德育教育，所谓德育教育是对学生进行思想、政治、道德、法律和心理健康的教育，它是高中教育工作的重要组成部分，与智育、体育、美育等相互联系，彼此渗透，密切协调，对学生健康成长成才和学校工作具有重要的导向、动力和保证作用。对高中英语教学来说，也应把德育工作摆在素质教育的重要位置。而德育工作的成效与教师的师德素养直接相关。师德是教师从事教育教学活动的动力源泉。师德决定着教师对学生的热爱、对事业的忠诚、对教学执着的追求和人格的高尚。师德还直接影响着学生的成长。因此，英语教师必须具有坚定的理想信念，科学的世界观、人生观、价值观，忠于人民的教育事业，具有爱岗敬业的奉献精神，热爱学生。教师只有自身真正懂得奉献、体现公正、具有责任感，才能言传身教。

二、学生

教学包括教与学两个方面。教师的因素固然重要，但学生的因素也不容忽视。学生作为整个教学链中的最后一环，也是最为重要的一环。学生学习效果的最优化是整个教学过程和教学活动的终极目标，反过来，学生群体及其学习的大环境将直接影响英语教学的最终效果。具体来说，来自学生及学习环境方面的影响主要涉及以下六个方面：

（一）学生的基础

学生的学习基础将对未来语言学习产生直接且巨大的影响。学生的学习基础指的是学生本身已经有的语言知识资源，这是由学生前期的努力学习形成的。基础扎实，自然有利于将来的语言学习。如果前期基础薄弱，自然会对未来的学习产生不良后果。对于高中生来说，应当努力学习，具备扎实的语言基础，这对于其日后语言水平的进一步提高是非常有帮助的。

（二）学生的动机

学生的学习动机对英语教学也有很大影响。学习动机是指激发个体进行学习活动，维持已引起的学习活动，并使行为朝向一定的学习目标的一种内在过程或内部心理状态，是直接推动学生进行外语学习的内部动力，是影响外语学习成绩的一个关键因素。学习动机来源于学习活动，也是学习活动得以发动、维持、完成的重要条件，并由此影响学习效果。

（三）学生的配合

为了顺利进行英语教学，教师在教学中精心准备每一节课，探索不同种类的教学方法，组织开展丰富多彩的课堂教学活动。但如果在教学过程中学生没有积极地配合，只是让教师唱独角戏，那么再好的教学方法也会毫无价值，也必然会对英语教学产生一定的影响。因此，要想展开有效的英语教学，学生的配合是关键。具体来说，学生的积极配合应从课前、课中、课后三个方面入手。

在课前，学生应配合教师做好准备工作，如预习课文、查找相关资料、小组合作准备好演示文档等。学生课前准备的过程也就是提前了解教学内容的过程。这些准备活动有助于学生对教学内容进行预估，发现教学内容中的难易点，从而在听课的过程中能够有针对性地学习与听讲。在课中，学生应该认真地听讲，积极参与教师组织的活动，并自主、踊跃地发表自己的见解。在课后，学生应认真对教师所讲的知识进行总结，整理学习笔记，梳理课上流程。同时，学生在课后应认真完成教师安排的作业，并对自己的学习成果进行分析，查找自己的不足与所存在的问题。

（四）学生的态度

态度是指个体对待他人或事物的稳定的心理倾向或为达到某种目的而做出的努力，是影响英语学习的重要因素之一。态度包括三个方面：情感成分，即对某一个目标的好恶程度；认知成分，即对某一个目标的信念；意动成分，即对某一个目标的行动意向以及实际行动。以文化学习为例，一般来说，对异质文化抱有好感，向往其生活方式，渴望了解其历史、文化和社会风俗的学生，对其文化与语言会持积极的态度，这样就可以获得良好的学习效果。反之，如果对某外族文化抱有轻蔑、厌恶甚至仇视的态度，学生则很难认真了解该文化并学好语言。此外，学生对学习材料、教学活动的组织形式及对教师的态度都会影响他们英语学习的效果。

（五）学生的性格

性格是指一个人对现实的态度和行为方式表现得比较稳定但可变的心理特征，是学生的重要情感因素，也是决定其英语学习成功与否的关键因素之一。人的性格大体可以分为外向型和内向型两种。外向型的学生有利于交际方面的学习，因其喜欢交际，不怕出错，能积极参与英语学习活动，并在活动中寻求更多的学习机会；而内向型的学生在发展认知型学术语言能力上更占优势，因其善于利用沉静的性格从事阅读和写作。对教师来说，研究学生在性格上的差异是为了充分了解学生的个体差异和不同的心理状态，发挥不同性格学生的优势，因材施教，以获得更理想的教学效果。

（六）学生的反馈

由于英语教学内容丰富多彩，因此在具体的教学实践中可采用的教学形式多样，可组织的课堂活动也很多，这就需要教师在备课时花费很多心思与精力。另外，教师组织的这些教学活动是结合学生现有知识水平、年龄特点、性格特征等因素综合考虑之后才确定的，可以说是为学生量身打造的，具有很强的针对性。学生的反馈是对教师教学活动以及教学手段的评判，这会对教师今后的教学产生很大的影响，因此学生的反馈也是影响英语教学的重要因素之一。

三、学校规章制度

学校的规章制度对英语教学有着不可忽视的重要影响。因为学校是国家教育法律和法规的执行机构，是培养社会所需人才的摇篮。一所学校所制定的相关教学制度对其培养人才的教学活动有着十分重要的制约作用，其具体影响主要通过以下两个方面来产生：

（一）课堂教学的组织与实施

课堂教学对英语教学有着直接的影响。因为课堂教学是教学活动的中心环节，师生之间的大部分教学行为都是通过课堂教学来实现的。例如，教师主导、启发、检查、督促和影响学生的这一系列行为主要通过课堂教学实现，而学生消化吸收教师教授的知识和内容也是通过课堂的教学活动。可以说，课堂教学的效果不仅关系着我国国家政府部门和学校教育政策的顺利实施，而且关系着这门课程所有的精心设计与教学大纲的顺利实施，最终关系着教学目标的实现与否、育人效果的成功与否。在此要提及的一点是，具体的课堂教学效果是不容易把握的，因为它会随着教学中各种要素的变化而变化。

（二）校园第二课堂的组织与管理

校园文化环境对学生的成长也是非常重要的。我们这里所提到的第二课堂，不仅指的是课堂教学的延伸，也泛指整个校园里的各种活动，尤其涉及英语的形式多样的活动。校园第二课堂的组织与管理属于校园文化环境的一部分，其对英语教学的影响也是不容忽视的。因为学生在校园里除了课堂上的学习时间外，其他学习和生活占用了他们大部分的时间。如果校园第二课堂的组织和管理比较完善，那么就能够在一定程度上影响学生的学习情况，从而间接影响英语教学的进程。

四、社会经济需求及环境

我国的社会需求对英语教学的影响是非常大的。随着中国经济的快速发展，越来越多的中国人和中国企业走出国门，越来越多的外国人和外国企业也走进中国，对具有英语（或其他外语）语言能力的人才的需求越来越大。这些都引发了越来越多的中国人学习英语（或其他外语），同时掀起了外国人学习汉语的热潮。很显然，只有社会上有强烈的对具备英语语言能力的人才需求，英语教学的必要性和重要性才得以凸显。一般来说，社会需求对英语教学的影响表现在两个方面：①社会上对具备英语语言能力的人才的需求量越大，对英语教学的推动力就越大，反之则反是。意思就是说，如果每年社会上的用人单位对具有英语语言能力的人才都是供不应求的情况，学校和学习者本人对英语的教学必然持有较大的动力和较高的热情；如果每年社会上的用人单位对于所需人才是否具有英语语言能力持较低要求，其对英语教学的影响自然也是不言而喻的。②社会上对具备英语语言能力的人才的需求质量越高，对英语教学的推动力也越高，反之则反是。换句话说，社会上如果需要高质量的具备英语语言能力的人才，那么学校就会为了培养出符合社会需求的人才而实施相应的规则和措施，自然会推动英语教学的改革；如果社会对英语人才的需求质量很低，那么这将直接影响学校在这方面的投入情况，也自然会影响英语教学发展的进程。

第三节 英语教学的基本原则

一、以学生为中心原则

在英语教学活动中，学生应处于主体地位。也就是说，英语教学应该坚持以学生为中心原则，这样才能充分发挥学生的主观能动性，提高英语教学的效率。

具体来说，教师在实施以学生为中心的原则时，需要做到如下三个方面：

（一）英语教材分析应坚持以学生为中心

在对英语教材进行分析时，教师需要对教材的内容有所理解和把握，并熟知学生处在不同阶段的实际状况以及他们的学习能力情况，以此为依据来调节教学目标与任务；教师还应根据学生的需要对教材内容和活动进行处理，使教材与学生的经验和体验联系起来，将教材的内容变成解决问题的链接和师生对话的中介，从而使教材更好地服务于教学。

（二）教学方法的选择要以学生为中心

教师在选择教学方法时也要坚持以学生为中心的原则。通常，直观的教学方法可以让学生直观地感受和理解语言，如利用视、听、说激发学生参与的兴趣，强化记忆。形象化的教学手段可以适应学生的直觉思维特点，所以教师可以选择一些利于激发学生兴趣和好奇心的教学媒体，如投影、幻灯、模型、图片、录音等，让他们积极地参与课堂学习，自然地感知语言，满足自身的需求。

（三）教学活动的设计与组织要以学生为中心

教师在设计和组织教学活动时，要考虑到学生的特点、知识结构层面、学习动机及兴趣，确保教学活动的目标明确、内容全面、形式多样，提高学生的学习积极性，从而顺利达到教学目标。

二、真实性原则

这里的真实性主要强调的是语用真实。在英语教学中，要实现语用真实，教师应从以下四点入手：

（一）把握真实语言运用的目的

培养学生的综合语言运用能力是英语教学的最终目的。综合语言运用能力也即语用能力。语用目的体现在如下三个方面：①语句的语用功能目的。②对话语篇的语用功能目的。③短文语篇的语用功能目的。

（二）采用语用真实的教学内容

在英语教学正式开始之前，教师应该从语用学的角度对课文进行详细全面的分析，研究语句使用的真实语境，准确地把握课文中所有语句的真实语用内涵，选用语用真实的例句与练习，这样就能在教学前指向语用教学，从而使学生获得语用真实的英语运用能力。

（三）设计组织语用真实的教学活动

对学生语用能力的培养贯穿整个英语教学过程中，所以教师应基于语用真实的指导思想设计教学活动，将语用能力的培养与呈现、讲解、例释、训练、巩固等课堂教学活动联系起来。

（四）设计语用真实的教学检测评估方案

对教和学来说，教学检测评估都可以发挥一定的反拨作用。设计语用真实的教学检测评估方案，可以找出学生在语用能力方面存在的不足，进而对教学进行调整与改进。此外，语用真实可以有效地引导学生在学习中更自觉地把握学习内容的真实语用内涵，强化学生获得运用英语的能力的自我意识。

三、系统原则

系统性也是英语教学改革必须遵照的一个原则，主要体现在以下三个方面：

（一）系统安排教学工作

教师在安排教学工作时应该有一定的计划，主要做到以下六点：①有计划地备课。例如，一课课文要上八课时，在备课时要一起备完，不能今天上两节课就备两节课的内容，要一次备好。②讲解要逐步深入，层次分明，前后连贯，新旧联系，突出重点，一环套一环，一课套一课，形成一个有机而系统的联系。③教学的步骤和培养技能的方法应该符合掌握语言的过程。要根据课程的最终教学目的，由易到难，逐步提高要求。④布置的练习要有计划性。要先进行训练性练习，然后再进行检查性练习。此外，练习的形式要具有体系性，相同的练习形式也要有不同的要求。⑤布置的家庭作业要与课上讲课的重点密切联系起来。每次作业要有明确的目的，课内课外要通盘考虑。⑥经常考查学生对知识和技能的掌握情况，每堂课要有一定的提问并做相应的记录。这可以对学生起到督促的作用，也能为自身的教学提供有益的反馈。此外，对学生的平时成绩不能仅凭教师的印象来评定，所以平时对学生所做的口头、笔头作业的完成情况也要有记录。

（二）系统安排教学内容

在英语教学中，教师安排的教学内容也要有严密的计划和顺序。例如，低年级英语教材教学内容的安排基本上应是圆周式的，对系统不要机械地去理解，切忌生搬硬套科学的系统。教师应该按教科书的安排特点和班级的情况合理组织讲课的内容，确定讲课的重点。当遇到一个生词时，不要急于将这个生词的所有意义、用法全部讲给学生；当讲解一个新的语法规则时，不要一股脑儿地把所有规则都交代给学生，而要分解知识、分步骤地教给学生。这样才能由浅入深，由易到难，从分散到系统，体现英语教学的科学性、系统性。

（三）系统安排学生学习

教师要不断地指导学生进行连贯的学习。所有学习都要循序渐进，经常、持久、连贯，也就是要持之以恒。同样，教师在教育学生的过程中首先要做到有恒心，经常及时地带领学生进行复习和做好功课。另外，教师要帮助学生处理好日常学习与期末复习的关系。要明确指出，将学习重点放在平时，平时训练要从难从严。坚决反对那种平时学习不努力，期末考试临时抱佛脚的做法。此外，教师也要经常关注和指导学生的学习方法，并做到因材施教。

四、用英语教英语原则

众所周知，英语课是一门实践性很强的课，而用英语教英语则是实践性的具体表现，也是英语教学成败的关键。用英语教英语的原则对教师和学生都提出了更高的要求，它需要教师使用英语来对学生进行指导和讲解，也要求学生基本上通过英语来与教师进行交流。要提高对用英语教英语原则的认识，增加英语课上使用英语的比例，这既是英语教学质量提高的重要措施之一，也是英语教学改革的重要方面之一。

（一）用英语教英语的必要性

具体来说，使用英语教英语可以使教学统筹化、现代化。因为这样做能使教师方面的讲直接转化为学生方面的练，即通常所说的讲练结合，大量实践的要求会自然得到体现。

在这种情况下，精讲多练的习惯也就自然形成了。讲练一体化，即使讲多了一些，也只不过让学生多听了一些英语，并不是在浪费时间。可见，用英语教英语，使英语教学中常见的一些普遍性问题，如缺少实践性、讲得多练得少、巩固性不够、学生边学边忘等在一定程度上可以得到解决，英语教学时间的大量浪费现象也由此基本消除，学生学英语的效率会相应提高。

此外，用英语学英语不只是一种行为，还是一种精神风貌的表现。在这样的英语课上，学生的注意力会更加集中，精神会更加振奋，与教师的配合会更为默契，观察力和感知力可锻炼得更为细致而敏锐，联想力和想象力可发展得更为全面而丰富，思维能力也会在新的语言工具的使用过程中有新的发展。所有这一切能力的磨炼必然对学生的整个学习活动产生积极有益的影响。

（二）用英语教英语的措施

用英语教英语的原则要求教师要对学生学过的一切语言知识和材料牢记在心。教师要确保其学生能够不忘所学，能听懂教师所用的英语，首先教师就要不忘所教，在所教范围内能随机应变地用英语上课。具体来说，贯彻用英语教英语的原则，要在教学方法上予以具体落实。主要包括以下四个方面：①要尽量使用学生已学过的语言知识。②要随着教学进程的推进，不断更新所使用的语言知识。③要把用英语教英语和复习已教过但在课本里重复不够的材料结合起来。④要制订用英语教英语的专门计划，包括各个年级、各个课型、各个环节所用英语和相应的情境、上下文的设计以及新旧更替的比例等，做到边教边用，学习和交际统一。

总之，用英语教英语是由简到繁、由易到难的螺旋上升的变换趋势，是由低级到高级的系统发展过程。此外，用英语教英语贵在坚持。从英语教学的第一天到最后一天，时刻坚持；从课内到课外，时刻坚持；从备课到上课，时刻坚持；从新授课到复习课，时刻坚持。可见，这一原则能否贯彻，首先不是能力和水平问题，而是认识和态度问题，是情感和意志问题。只有当用英语教英语成为教师的一种习惯，同时转化为学生的习惯，这一原则才算真正得到了落实。

五、正确利用母语原则

学生学英语之前所掌握的唯一语言就是母语。他们用母语思想，用母语交际。母语习惯已经根深蒂固，无时无刻不在对英语的学习和使用产生着影响。我们提倡用英语教英语，但并不是完全摒弃母语。对英语教学而言，母语会起到迁移性的影响，这一影响有正和负两个方面，如果利用正确，将会对英语教学产生正迁移，促进英语的学习，保证教学的效果。

（一）在英语教学中使用母语进行解释

这一原则的提出主要是由于英语学习是在母语习得后进行的学习活动。在英语学习之前，学生已能用母语进行交际，他们的时间、地点以及空间等概念已经形成，并已学会了用母语来表达这些概念。因此，用一种新的语言来构建概念比较难，而借助母语已建立起来的概念，我们只要教会学生一种新的符号表达形式，就可以使他们较快、较好地掌握某些概念。因此，适当地使用母语进行解释能起到清楚、明了和加深印象的效果。

适当地使用母语进行英语教学，还有一个好处，就是母语在一定阶段的使用，能使学生更容易理解英语某些结构和规则的特点，能更好地理解教师安排、布置的教学活动的具体做法。而对英语结构和规则的正确理解利于学生对其进行掌握和运用，同时，透彻地理解教师的指示使学生能充分利用上课的时间进行英语实践，从而提高英语教学效果。比如，在教授现在完成时的时候，教师可以使用汉语对过去时和现在完成时的用法进行简单的讲述：一般过去时是用于描述过去的动作，现在完成时表示某一过去动作对现在的影响。从这个解释中，看到现在完成时所表示的也是过去的动作，但它侧重于该动作对现在的影响。

（二）在英语教学中通过母语与英语的比较帮助理解

母语的适当使用利于母语与英语的比较，帮助学生更好地对两种语言各自的特点进行理解，从而排除在英语学习过程中出现的母语干扰。具体来说，我们知道学习英语是个相当复杂的过程。在这一过程中，学生很可能会因母语系统的影响而犯错误。如果能在适当的场合，结合英语学习的内容，对于英、汉两种语言在某一结构、某一用法上的差异和特点用母语进行简单讲授，学生通过比较将会了解并明确英、汉两种语言在使用上需要注意的问题，那么他们在使用英语进行交际时，就会对刻意避免母语系统经常造成英语使用中的错误，从而提高英语使用的效果。

在进行英汉两种语言差异的比较时，教师可以适当使用语法 - 翻译法。在英语应用中，我们会经常看到学生写出了用形容词做谓语的句子，如 we very happy，这种句子产生的原因很可能是受汉语的影响所致，因为汉语的形容词可以做谓语，如"我们很快乐"。但英语的形容词在句子中不能单独做谓语，英语形容词要与动词 be 结合才能做谓语。因此，在讲授英语形容词做表语时，可以把英文句子译成汉语，通过这种方式，学生能够很容易且直观地看到英语、汉语形容词在句法功能方面的差别，避免把汉语形容词的使用规则迁移到英语形容词的用法方面。

六、情感原则

心理学研究证实，人类的一切活动都伴随着一种情感体验，而情感体验反过来对人类的活动有一定的支配作用。学生如果有愉快的情感体验，就会积极地去进行相应的模仿并反复进行；反之，如果有不愉快的情感体验，就会出现行为停滞或改变的趋势。因此，英语教学要关注积极的情感体验对教学的重要作用，坚持情感性原则。所谓情感性教学原则就是指教师在教学过程中，在充分考虑认知因素的同时，要充分发挥情感因素的积极作用，以完善教学目标、增强教学效果。教师要真正热爱英语教学这份工作，真正关心自己的学生，并在此基础上运用心理学的理论和方法，有意识地激发和调动学生学习英语的积极情感因素，增强学生学习的自信心、主动性和目的性，提高英语教学效果。教师要将情感贯穿整个教学过程，具体可以从以下三个方面做出努力：①保持积极良好的教学心境。所谓教学心境是教师特有的一种具有感染性的且持续时间较长的情绪状态。良好的教学心境能帮助教师在课堂上做到情绪高涨、精神振奋，继而通过富有感染力的语言授课，在无形中感染学生，使学生产生同样的情绪状态，最终促进教学效果的提升。②积极建立师生情感交融关系。情感性教学从某种程度上来说是师生通过相互影响和作用而形成并发展起来的一种特殊的人际关系。师生关系融洽和谐能使教学活动更加顺利地进行，从而达到教学目的。对此，教师在教学过程中要注意尊重学生，做到平等施教，相互学习、共同探讨。此外，教师要以身作则，为人师表，对学生要无偏无私、公正合理。③营造良好的教学环境。教师要善于营造能激发学生学习动机和兴趣的学习氛围，因为兴趣是学习活动中最直接、最活跃的推动力，学生的学习兴趣不仅能转化为稳定的学习动力，而且能促进学生智能的发展，启迪学生智慧和开发学生潜能，达到提高学习效果的目的。因此，教师在教学过程中要注意培养学生学习英语的持久兴趣，把培养学生的兴趣、态度和自信心放在英语教学的首要地位，从而有效地促进学生身心健康全面发展。

七、交际原则

英语学习的最终目的是交际，英语教学的首要目标就是培养学生的交际能力。具体来说，就是培养学生能够运用所学的语言知识在不同的场合与不同的对象进行有效得体的交际。因此，英语教学必须遵循交际原则，上述提到的真实原则也是为了保证交际原则。要做到交际性的教学原则，教师在英语教学中应注意以下四点：

（一）正确认识英语教学的性质

要想落实交际性目标的要求，首先需要在思想上认清英语教学的性质。英语教学是一种技能培养型的课程，在教学中，教、学、用三个方面构成一个有机的统一体，这三者之间是一种相辅相成的关系，其中"用"在这三个方面中处于核心地位。学生的英语交际能力是在使用英语的过程中逐步培养出来的，只有理论没有应用，很难达到预期的目标。因此，在教学中应加大使用英语的力度。

（二）将英语作为一种交际工具来教

英语是一种交际工具，英语教学的目的是培养学生使用这种交际工具的能力。使用交际工具的能力是在使用中培养的；英语教学中的交际原则，要求教师将英语作为一种交际工具来教，也要求学生把英语作为交际工具来学，还要求教师和学生课上课下都将其作为交际工具来用。

教学活动要和以英语进行交际紧密地联系起来，力争做到英语课堂教学交际化。在英语教学中，教师或学生不是单纯地教或学英语知识，而是通过操练，培养或形成用英语进行交际的能力。教师要尽量利用教具，为学生创造适当的情境，协助学生进行以英语作为交际语的真实的或逼真的演习。这样使学生不仅能学得有兴趣、有成效，而且能真正学到英语的用场，学了就会用。从教的第一天起就应该这样做，还要一直做到底。

（三）在教学中创设交际情境

在传统的英语教学中，很多教师只偏重语法结构的正确性，学生通过这种教学并不能具备良好的英语交际能力。要想让学生具备使用英语进行交际的能力，做到在适当的地点和适当的时间，以适当的方式向适当的人讲适当的话，就应在英语教学中创设情境，开展多种形式的交际活动，以此来提高学生的英语语言应用的能力。利用语言进行的交际总是发生在特定的情境之中。情境包括时间、地点、参与者、交际方式、谈论的题目等要素，在某一特定的情境中，某些因素，如讲话者所处的时间、地点以及本人的身份等都制约他说话的内容、语气等。而且，在不同的情境中，同样的一句话可以表达不同的意义和功能。例如，"Can you tell me the time？"这句话可能表示的意思就有两种：一是向别人询问时间，是一种请求的语气；二是可能表示对他人迟到的一种责备。因此，在英语教学中，要把教学的内容置于一种有意义的情境之中，这样才有可能让学生充分理解每一句话所表达的意思。

此外，在一定的情境之中进行英语教学，还可以使学生身临其境，提高学习英语的兴趣。因此，英语教学活动要充分结合教材的内容，利用各种教具，来开展各种情境的交际活动，这样对学生和教学都会产生有利的影响，收到不错的教学效果。另外，教师可以设计任务型活动，让学生通过完成特定的任务来获得和积累相应的学习知识与经验，需要注意的是，这些活动需要具有交际的性质，才利于交际目标的完成。

（四）结合学生的生活来选择教学内容与活动

在进行英语教学时，现实生活这个因素也是需要考虑的，因为语言总是与现实生活密切联系的。因此，在英语教学中，教师应把语言和学生所关心的话题结合起来，给学生提供足够的、内容丰富的、题材广泛的、贴近学生生活的信息材料，这样的材料因为具有一定的现实性，因此容易使学生产生共鸣，从而会调动学生的兴趣，也能促使他们认识到学习英语的目的在于交际，而不是为了应付考试。另外，由于英语教学内容具有真实性，因此这要求教材的语言和教师的语言也都是真实的，具体来说就是教材的语言和教师的语言不是为了方便教学而人为编写出来的，而应该是英语本族语人在交际过程中所使用的语言。但在我国目前的英语教学中，这种就现实生活真实材料备课的情况不容乐观，还需要有关人员做出努力的改进。

八、可持续发展原则

现代社会提倡终身学习，因此英语教学要遵循可持续发展原则，帮助学生掌握正确的学习策略，这一方面可以促进英语教学更顺利地进行，另一方面可以让学生在高中阶段就养成学习英语的好习惯，为其步入大学甚至步入社会后的自主学习打下良好的基础。

所谓学习策略是指学生为了有效地学习和发展而采取的各种行动和步骤。归纳起来，英语学习中的策略包括以下四种：

①认知策略是指学生为了完成具体学习任务而采取的步骤和方法。②调控策略是指学生对学习进行计划、实施、反思、评价和调整的策略。③交际策略是学生为了争取更多的交际机会、维持交际以及提高效果而采取的各种策略。④资源策略是学生合理并有效利用多媒体进行学习和运用英语的策略。

学生的学习成绩受多方面的影响，如学生的心理特点、健康状况、学习基础、学习动机、学习策略、教师的水平、学习的环境、社会和集体以及家长的影响等。在这些影响因素中，学习策略占据着重要的地位。学生如果在学习的过程中采用了科学、正确的学习策略，便可以有效节省时间，并能避免走弯路，使得学习的效果更佳。因此，在英语教学中，教师应帮助学生形成适合自己的学习策略，培养他们不断调整自己学习策略的能力。在具体的英语课堂实施中，帮助学生有效地使用学习策略，有助于他们采用科学的方法来提高英语学习的效率，并有助于他们形成自主学习的能力，为以后的学习奠定坚实的基础。

第二章　新课标背景下高中英语教学设计

第一节　英语教学设计的主要内容

一、教学设计的模式

（一）教学设计模式的发展

人类对任何学科、任何现象的认知，随着研究的不断深入而不断延展，教学设计的研究亦如此。随着对教学设计的研究不断深入，对教学设计的认知也不断延展，基于此而提出的教学设计模式也不断丰富。20 世纪 60 年代开始探索教学设计模式至今，已经形成了数百种不同的教学设计过程模式。教学设计模式的发展可分为以下三个阶段：

1. 教学设计模式的形成与兴起期（20 世纪 40 年代到 60 年代）

教学设计发轫于 20 世纪 40 年代对军事人员培训的设计，一批长期从事教育实验研究的心理学家和教育家，如加涅、布里格斯和弗拉那根等，承担了相关培训资源的研究与开发工作，在这一过程中，对学习内容与学习活动的科学设计成为常态。这些学者把军队中运用成功的、经过设计的教学内容与教学活动方法，尤其是视听教学法等，迁移到学校教育中，开展视听媒体的教育研究，研究的范围包括视听资源设计的学习原则、媒体教学与一般教学效果之间的对比、媒体的特点、媒体如何影响学习和媒体教学方法等。另外，20 世纪 50 年代，电视在美国的发展也直接催化了基于教育电视节目的教学设计模式的产生。

在这一时期，教学设计的第一批理论著述相继问世，成为教学设计模式诞生与兴起的标志和动力。①程序教学运动的开展。20 世纪 50 年代中期到 60 年代中期，程序教学运动推进了教学设计模式的应用发展。50 年代中期，斯金纳发表了论文《学习的科学与教学的艺术》，对教学设计理论的形成与发展具有开创作用。②行为目标编写的普及。20 世纪 60 年代初期，教学设计模式中最重要的要素之一——学习目标的理论基本成熟。60 年代初期，马杰的《程序教学的学习目标编写》一书出版，他论述了如何编写学习目标，其中，ABCD 法是最著名的学习目标编写方式，至今仍在广泛使用。③标准参照测试概念的形成。20 世纪 60 年代之前，多数测验方式是常模测验——通过测试学习者的行为绩效，判定谁学得好，谁学得差。标准参照测试强调测量某个学习者在某一特定行为中表现得如何，而不管其他学习者的表现怎样。格拉泽（Glaser）认为，标准参照测验可以用来检测学习者在接受教学设计之前和之后的行为水平。④学习领域、教学事件和层级分析的提出。20 世纪 60 年代中期，加涅的《学习的条件》出版，该著作是这一时期教学设计模式发展的标志性事件。在该书中，加涅描述了学习结果的五大分类，同时提出了九种教学事件或教学活动。此外，加涅在学习层级和学习层级分析领域所做的研究，对教学设计领域也产生了重大影响。⑤形成性评价的发展。20 世纪 60 年代中期，斯克里文提出形成性评价和终结性评价理论，为教学设计的评价理论初步完善提供了有力依据。

2. 教学设计模式的快速发展期（20 世纪 60 年代到 80 年代末）

经过数十年的发展，特别是形成与兴起期的发展准备，教学设计自 20 世纪 60 年代末 70 年代初正式成为一门独立学科。20 世纪 70 年代，美国许多领域，如教育界、商界、军队等都对教学设计产生了浓厚的兴趣，并在各自的领域大力运用教学设计方法。

在这个阶段，教学设计模式不断涌现，美国学者安德鲁斯在 20 世纪 80 年代初期就已经归纳提炼出 60 个教学系统设计模式，并对 40 个模式的特点进行类型学分析，概括出了这些模式的基本构成部分。由此，教学设计形成了相对稳定的模式结构，即教学设计一般包括确定目标、评估学习者已有的知识和技能、确定教学内容、确定教学策略、开发教学和评价与修改等部分。

这一时期教学设计的发展不仅运用系统方法整合了其在形成与兴起期所发展的相关理论，同时还深受认知心理学的影响，涌现出一些新的理论，其中影响最大，迄今仍然具有广泛影响的是布鲁纳的发现学习理论和奥苏贝尔的有意义的接受学习理论。

3. 教学设计模式的转型发展期（20 世纪 90 年代以后）

20 世纪 90 年代以来，教学设计的发展逐渐进入转型发展期。这一时期教学设计发展具有以下显著特点：

（1）教育领域的教学设计发展现状呈现稳定发展状态

从 20 世纪 70 年代到 80 年代，在全球范围内，许多领域对教学设计的兴趣一直持续不减，以商界、工业界和军界为甚。但非常让人意外的是，教学设计在教育界所产生的实际影响只是保持稳定发展，并不如其他领域热烈。面对教育领域的这种稳定发展现状，教学设计专家开始反思传统教学设计的局限，探寻教学设计发展的新路径。

（2）技术工具开始整合到教学设计模式之中

计算机的普及使得教学信息的传递更加方便快捷，基于计算机的多媒体整合教学设计模式被广泛使用。20世纪90年代以来,网络通信技术的发展为教学设计带来了崭新的前景,基于网络的远程教学设计模式逐渐生成。特别是进入21世纪,随着无线网络技术、蓝牙技术等成功开发,移动电话和移动计算技术迅速普及全球,由此催生出一种崭新的学习形式——移动学习,随之派生的移动学习教学设计模式也日益发展起来。机器学习对于学习机制的研究、虚拟现实的情境设计等技术发展,可能将带来教学设计新的快速发展时期。

（3）新理论对教学设计模式的影响

计算机技术和网络通信技术在教育中的应用与建构主义的兴起及其对传统教学设计的挑战,是教学设计进入转型发展期的主要标志。自20世纪90年代以来,以建构主义为理论假设的教学设计研究,创建了许多基于技术的教学系统设计模式,并且取得了良好的教学效果和社会反响。此外,绩效技术也开始影响教学设计,通过改变激励系统或工作环境而解决问题的模式应运而生。与此同时,教学设计的转型发展也正在受到原型开发技术、知识管理、后现代主义、阐释学、模糊逻辑和混沌理论等理论的深刻影响。

（二）教学设计模式的类型

教学设计模式数以百计,既因为教学设计发展过程对教学设计研究不断深入、视角不断丰富,也因为基于教学多样性而出现的不同设计需要。可以从教学设计的不同视角说明分析教学设计模式的类型。

1. 基于教学设计理论基础的不同教学设计类型

教学设计有多种理论基础,基于不同的理论基础,教学设计模式可分为以下三种:

（1）基于一般系统理论的过程模式

20世纪80年代初期,安德鲁斯通过对40种教学设计系统模式的比较,提出了系统教学设计的14个要点。其他学者对此作了进一步归纳,总结出了系统设计过程六要素:确定学习者需求;确定总目标与具体目标;建立评估程序;设计、选择传递途径;适用教学系统;安置并维持系统。任何系统设计过程模式均围绕着这六个要素展开,因而具有一般性特点。

根据不同的应用情境与教学目标,不同的系统过程模式在六要素的排序与侧重点上有差异。以系统思想为核心的过程模式,对教学各种因素的分析,对传递途径的设计和选择等,都需要设计者运用系统思想统筹考虑设计过程方方面面的关系和作用。其主要特点是,比较强调构建项目框架结构,往往把焦点集中在教学设计的全过程和全方面上,而忽略对教学设计具体过程及步骤的描述。因此,以系统论为基础的教学设计过程模式,难以充分体现教学设计过程的特性。

（2）基于学习理论与教学理论的过程模式

此类过程模式的数量较多。现以三种主要模式为例来介绍：

①迪克 - 凯瑞模式

当代著名教学设计理论家、美国佛罗里达州立大学教授迪克和凯瑞于 20 世纪 70 年代末期出版了《系统化教学设计》一书，提出了一个典型的以"教"为中心的教学设计过程模式。该模式是以教学理论为构建模式的基础，比较贴近教师的现实教学情况，使用得比较普遍。

迪克 - 凯瑞模式旨在说明教学设计、开发、实施和评价的一种系统方法模型。该模型中包括了九个相互联系的组成部分（设计和进行总结性评价本质上不是教学设计中的有机组成部分），每个组成部分都将从前面步骤中接收输入，并且输出作为后续步骤的输入，所有这些组成部分共同发挥作用，从而形成有效的教学，其内涵如下：

确定教学目标：确定当学习者完成教学后他们必须学会做什么。

进行教学分析：在确定教学目标之后，便需要确定实现目标所需要的步骤。通过对下位技能进行分析，明确为了支持该目标的学习而必须具备的从属技能和过程步骤。分析过程的结果是形成一个描述达到目标所需要的所有从属技能的图示，并表明各项从属技能之间的关系。

确定初始行为：除了明确教学中必须包括的下位技能和过程步骤之外，明确学习者在教学开始之前必须掌握的特定技能也是有必要的。这并不是列出学习者已经能够做的所有事情，而是为了开始教学而确认一下他们一定能够掌握的特定技能。

写出表现目标：基于对教学的分析和对初始行为的表述，教师应该具体地描述出学习者在教学结束时能做什么。描述教学具体目标时应包括要学习的技能、技能操作的条件以及行为表现是否合乎规范的标准。

开发标准参照测试：根据已经编写的教学目标，教师应设计出与目标中学生要掌握的能力相对应的评价项目，并测量这些能力。重点应该放在将目标所描述的行为类型和评价所要求的表现如何保持一致。

开发教学策略：基于前面五步的信息，教师应继续确定自己将在教学中运用到的策略以及达到终点目标的媒体。策略包括教学准备活动、信息呈现、练习和反馈、测试以及后续活动等部分。设计策略要借鉴对学习研究的现有成果、教材的内容，以及学习者的特征。基于这些特征，构思或选择材料，或开发用于互动式课堂教学策略。

开发或选择教学材料：在这一步中，教师将利用教学策略来开发教学材料。它包括各种不同形式的教学材料的准备，也包括测验和教师的指导。开发材料的决策将依赖可利用的现有相关材料和能支持开展活动的资源。

设计和进行形成性评价：一次试教完成之后，要进行一系列的评价和收集数据资料，以便确定如何做出改进。形成性评价分为三个阶段进行，分别是一对一评价、小组评价和现场评价。每一种评价类型都可为设计者提供能用于改进教学的数据和信息。

修正教学：通过对形成性评价的数据进行总结和诠释，明确学习者在学习达标过程中所遇到的困难，并把这些困难与教学中具体的不足相联系。形成性评价的数据不仅用以修正教学本身，亦用以重新检测教学分析的有效性和对学习者的初试行为与特征的假设，同时也有必要重新检测对行为目标的表述和评价项目的准确性。另外，对教学策略进行回顾也必不可少。只有对教学各环节进行调整并最后把所有这些调整结合为对教学的修正，才能不断提高教学有效性。

设计和进行总结性评价：虽然总结性评价是教学效果的最后评价，但它通常并不包含在教学设计过程之中。总结性评价是对教学的绝对价值和相对价值的评价，只有在对教学进行形成性评价并修正到符合设计标准之后才得以进行。因为总结性评价通常不包括教学的设计者，而是由一个独立的评价者进行的，所以这个环节本质上可以不纳入教学设计进程的有机组成部分。

②加涅的教学设计理论

美国著名教育心理学家加涅对教学系统设计理论的建立做了许多开创性的工作。加涅的教学系统设计理论建立在两个基本观点之上：第一，学生的"学"才是获得学习结果的内因，教师的"教"只是外因，所以应"以学论教"；第二，不同的学习结果需要不同的学习条件即教学事件。

加涅提出了一个关于知识与技能的描述性理论，认为学校学习的知识与技能可以分为五种类型：言语信息、智慧技能、认知策略、动作技能和态度。

在加涅看来，由于人类的内部心理加工过程（信息加工过程）是相对稳定的，所以作为促进内部心理加工过程的外部条件即教学事件亦应相对不变。由此观点出发，他根据学习过程中包含多个内部心理加工环节，从而推断出相应教学过程应由九个教学事件构成：引起注意、告诉学习者目标、刺激对先前学习的回忆、呈现刺激材料、提供学习指导、诱导学习表现（行为）、提供反馈、评价表现、促进记忆和迁移。

加涅特别指出，以上九个教学事件的展开是可能性最大、最合乎逻辑的顺序，但也并非机械刻板、一成不变的，也就是说，并非在每一堂课中都要提供全部教学事件。

③梅瑞尔的成分显示理论

教育学家戴维·梅瑞尔20世纪90年代中期提出了一个关于知识的描述性理论，即成分显示理论（CDT）。他认为知识由行为水平和内容类型构成了两维（two-way）分类：一是行为维度，分为记忆、运用、发现；二是内容维度，分为事实、概念、过程、原理。

梅瑞尔的成分显示理论主要是认知领域的教学系统设计理论，对教学策略进行了较详尽的规定。该理论将"行为 - 内容"模型的两个维度进行整合，并将其中每一个教学活动与学生学习能力相对应。

与此同时，梅瑞尔还提出了一个关于教学策略的描述性理论，认为策略有主表征形式（PPFs）、辅表征形式（SPFs）和表征间的关系（IDRs）。基本呈现形式由讲解通则（规则）、讲解实例（举例）、探究通则（回忆）、探究实例（实践）构成。

辅表征形式包括有助于学习的其他信息，如注意力集中助手、记忆术和反馈等。表征间的关系包括正例 - 反例的匹配、例子的差异、例子难度的范围。通过对每一个表现的内容分类，成分显示理论说明了 PPFs、SPFs 和 IDRs 之间如何组合成最有效果和效率的教学策略。

教育学家瑞奇鲁斯等人的细化理论（ET）和梅瑞尔的成分显示理论一起构成了一个完整的教学系统设计理论。细化理论是关于教学内容的宏观展开，它揭示学科内容的结构性关系，可用来指导学科知识内容的组织和知识点顺序的安排；成分显示理论则考虑教学组织的微策略，即能提供微观水平的教学"处方"，给出每个概念或原理的具体教学方法。

（3）基于传播理论的过程模式

基于传播理论的模式可划分为两种类型：一种类型是一般传播模式，主要描述的是使用各种媒体对信息进行设计的过程；另一种类型是文本组织形式，主要对内容或教材进行组织。

一般传播模式源于马什提出的一个运用多种媒体设计信息的综合型过程模式。模式的第一阶段为基本计划阶段，由四个部分组成：选择总体策略；简要描述信息接收者特点；确定中心思想；列出行为目标。第二阶段是对第一阶段四个部分进行进一步扩充。在此阶段，由于对具体学习者学习内容与教学策略有了一个大致的了解，对内容的信息承载也有了一个大致估计，便可以选择信息组织方式。第三阶段与控制信息复杂度有关，一般来说，传播渠道与信息密度的选择决定了传播背景，而在教学中必须考虑信息的复杂性对学习者是否恰如其分。

可以说，马什模式对内容与学习者学习目标设计，具有很大的参考价值。

传播还有文本组织模式（OCT）。这一模式较为简单，它假设文本在外观上的组织与编排会影响学习，因而致力于在文本字体、排版等外观设计上运用技巧，引起学习者注意。这是一种以计算机为定向的教学模式。

2. 基于教学设计内容的不同教学设计类型

根据教学设计的内容的不同层次，教学设计可分为以"产品"为中心的模式、以"课堂"为中心的模式和以"系统"为中心的模式。

（1）以"产品"为中心的模式

这里的"产品"包括教学媒体、教学材料、教学包等。教学产品的类型、内容和教学功能由教学设计人员、教师、学科专家、媒体专家和媒体技术人员共同确定，并对产品进行设计、开发、测试和评价。

（2）以"课堂"为中心的模式

这个层级的设计范围是课堂教学，即根据教学大纲的要求，针对特定的学生，在固定的教学设施和教学资源的条件下进行教学系统设计，其设计工作的重点是充分利用已有的设施，或选择或编辑现有的教学材料来完成教学目标。

（3）以"系统"为中心的模式

该"系统"指的是综合和复杂的教学系统，如一所学校、一门新专业的课程设置、一项培训方案等。这一层次的设计通常包括系统目标的确定、实施目标方案的建立、试行、评价和修改。由于该层次涉及内容面广、难度较大，因此通常由教学设计人员、学科专家、教师、行政管理人员，甚至包含由学生组成的设计小组来共同完成。

3. 基于教学设计实施方法的不同教学设计类型

我国教育技术学家何克抗提出，教学设计的模式可以基于教学设计的实施方法进行分类，他以此把教学设计模式分为：以教为中心的教学设计模式，以学为中心的教学设计模式，以及以教师为主导、学生为主体的双主教学设计模式。

（1）以教为中心的教学设计模式

以教为主的教学设计模式可依据其不同的理论基础，分为第一代教学设计模式（ID1）和第二代教学设计模式（ID2）。

教学设计从 20 世纪 50 年代开始，发展到 80 年代，进入创新较少的稳定发展阶段。90 年代初期梅瑞尔等针对传统教学系统设计的局限性，首次提出了建构新一代教学设计模式的设想，并称之为 ID2，而把在此之前的所有其他 ID 模式称之为 ID1，这是国际上有关教学设计分代的最早提法。

第二代教学系统设计模式以"斯密斯 - 雷根模式"为代表，在学习理论方面以加涅的"联结 - 认知"学习作为其理论基础。

梅瑞尔认为，要使交互教学技术在教育和训练中广泛运用，一个最关键的问题就是需要有能支持高水平交互的教学系统设计与开发的有效工具和方法，这要通过建构第二代教学系统设计（ID2）理论才能解决。

第一代ID模式的主要标志是在学习理论方面它是以行为主义的联结学习（刺激-反应）作为其理论基础，第二代ID模式的主要标志则是以认知学习理论（特别是奥苏贝尔的认知学习理论）作为其主要的理论基础。认知学习理论首先假定在记忆系统中的学习结果是以"结构"的形式存在——在ID2中叫作"心理模型"。然后，关于学习过程他们又提出下面两个假设：第一，学习过程中的"组织"有助于知识的检索；第二，学习新信息时进行的"细化"加工能促进检索。细化加工是指对知识单元中的联系一步一步做愈来愈详细、具体的说明。

ID2保留了ID1中加涅的基本假设（存在不同的学习结果，而且有不同的学习条件以满足不同学习结果的要求），并从以下三方面进一步扩展了这一思想：给定的学习行为是由特定的认知结构（心理模型）的组织和细化加工得来的，不同的学习行为需要不同类型的心理模型；学生的心理模型结构通过教学过程中对知识的组织和细化加工而得到发展；获得不同的学习结果需要对知识进行不同的组织和细化加工。

ID2的核心是"教学处理理论"（Instructional Transaction Theory，简称ITT）。教学设计者对前面提到的几种ID理论都贴上了ID1的标签。他们认为加涅的学习条件理论和梅瑞尔的成分显示理论只是为课件开发提供了一套处方。而教学处理理论则是拓展学习条件和成分显示理论的一个尝试，可用来更充分地确定一些规则，使其能够驱动自动控制的教学设计和开发。其基本思想是：教学处理就是"教学算法"，即解决教学问题的步骤，是使学习者获得某类知识技能的交互作用模式。不同类型的知识需要不同类型的教学处理。一种教学处理一旦设计完成并形式化以后，就能重复运用于相同类型知识和技能的教学。这样，开发课件就变成针对课程内容选择相应的教学处理，并把课程内容写成教学处理所能运用的形式，即不需要像设计传统的以框面为基础的计算机辅助教学课件一样，对每一个框面、每一个分支结构做出决定。这样，一旦"教学处理框架"开发出来，无须进行另外的程序设计，就能反复使用。显然，用这种"数据＋算法"的方式开发课件比以框面为基础的方式能够提高开发效率。以框面为基础的方法，开发1小时的课程要用200小时甚至更多时间，而用这种方法只需20小时，而且能为学习者提供更具交互性的学习环境。

教学处理理论把知识描述为三种知识对象：实体、活动和过程。实体是指具体的事物，如某一设备、物体、人、动物、地点或者标志；活动是指学习者完成的一系列的行动；过程是指完全外在于学习者的一系列活动。教学处理理论也提出了几种教学处理的类型，包括确认、执行、解释、判断、分类、概括和传递。教学处理理论把知识对象作为基础，能够使学习者与对所教现象或装置的模拟进行许多互动。

教学处理理论主要是为开发教学设计专家系统并使教学系统设计和开发自动化而建立的理论，其内容仍然集中在认知领域。应该指出的是，教学处理理论不是一个全新的教学系统设计理论，只是成分显示理论在教学系统设计自动化方面的扩展和应用。

①第一代教学系统设计模式

梅瑞尔将其本人提出的 ID2 之前的所有其他 ID 模式称之为 ID1。ID1 的代表性模式应首推"肯普模式"，它是由美国新泽西州立大学教授肯普在 20 世纪 70 年代中期提出，后来又经过多次修改才逐步完善。

肯普在分析了许多不同的教学设计过程模式后指出，所有的模式均包括四个基本要素，即学习者特征、教学目标、教学策略和教学评价。也就是说，在进行教学设计时我们要考虑：这个教学方案是为什么样的人设计的（学习者特征）？我们希望学习者能学到什么（教学目标）？如何最有效地教授有关的教学内容（教学策略）？我们要用什么方法和标准来衡量他们是否真正学会了（教学评价）？

肯普指出，教学设计必须回答三个主要问题：学习者必须学习到什么？为达到预期的目标应如何进行教学？应如何检查和评定预期的教学效果？

肯普认为，教学设计通常应包括以下 10 个环节：确定学习需要和学习目的，为此应先了解教学条件（包括优先条件和限制条件）；选择课题与任务；分析学习者特征；分析学科内容；阐明教学目标；实施教学活动；利用教学资源；提供辅助性服务；进行教学评价；预测学生的准备情况。

所有教学设计都是以概括性的目的为基础的，这些目的来自社会、学生和学科内容。确定教学目的以后，应列出全部计划中要教学的主要课题。课题一般以逻辑形式顺序安排，由简单、具体到复杂、抽象，使它们建立在学生已获知识和技能的基础上。最后列出总的课题目标，以此作为教学设计的起点。

教学设计要分析学生，要列出学生重要特点，研究什么因素会影响学生的学习进展，为此要了解学生的一般特征，包括能力、兴趣和要求，以及学习风格。

确定学生通过学习应该掌握的知识和技能，应使他们的行为产生哪些变化。这是教学设计中的关键因素，因为学习目标是构成以培养能力为基础的课程框架的准绳，会告诉学生需要他们学会什么，并以此来最后评价教学效果和学习的成果。

为实现每个学习目标应该学习哪些课题内容？目标和内容是密切相关的，而教材常被当作教学的最基本资源，其实教师个人知识、经验也是课题内容的重要来源，进行教学设计还要考虑其他教学信息来源。教师可以采用各种方法组织课题内容并安排其顺序。

了解学生是否对将要学习的内容有了基本准备，对将要学习的内容是否有了知识和技能基础。不要在学生已知的事情上浪费时间，也不要在不具备先决条件的情况下脱离学生实际实施教学。通过预测可以知道教学内容和教学目标是否恰当，可以进一步对计划进行删改或者补充。

教学活动没有固定的模式。无论教师和学生，在这种情况下所做的事情，在另一种情况下可能就不适合。必须了解各种教学方法和教学形式的特点，否则就难以做到合理选择和有机组合。在使用上还要符合学生的特点，以达到最好地完成所确定的学习目标的要求。

在任何情境的教学中，都有许多相互联系的因素，如经费预算、设施条件、人员能力、工作时间等，都对教学方案的实施有重要影响，必须在设计过程中予以考虑。

资源和材料的选择与教学活动紧密相连。这里包括各种印刷材料、视听材料和其他人力、物力资源，它们都能够启发学生并有效地解释和演示课题内容。目前在许多教学情境中，尤其在自学的教学模式中，教学媒体不再是补充和辅助手段，因而这个设计环节显得非常重要了。

学习评价不是对教师教学活动的直接评价，而是对学生是否达到学习目标的评价，所以学习评价与学习目标直接有关，因为制定的学习目标揭示了所应评价的内容。学习目标表达得越清楚，描绘得越完整，学习评价也就越容易进行。也因为如此，这里采用的多为相对传统的"相对标准"评分法而言的"绝对标准"评分法，或称标准参照评价，即评价学生是否达到某一标准。它根据每个特定的学习目标，测量每个学生是否达到了所要求的理解水平和能力水平，而其评定不受别的学生成绩的影响。

该模式具有如下主要特点：

首先，肯普列出了 10 个教学设计的"因素"，而不是步骤，以表示它的整体性以及设计过程的弹性。10 个因素虽然根据逻辑顺序按顺时针方向排列，一般在设计一个新教学方案时可以照此顺序进行，但肯普没有用线条和箭头将各因素连接起来，说明在某些情况下，并不要求涉及全部因素（环节），这也是使用椭圆形模型的理由：一个椭圆没有一个特定的起点。所以在实际操作中，可把任何一个因素作为设计的起点，再依实际情况继续下去。

其次，图中的"形成性评价""总结性评价"和"修改"在椭圆形圈内标出，这是为了表明评价与修改应该贯穿在整个教学过程的始终，更显示出系统方法的分析—设计—评价—反馈修正的工作策略实际上是在模式中每一因素（环节）中均应执行的基本精神。因此，这个模式在形式上比其他许多流程型的模式更能反映系统论的观念。

最后，肯普模式的另一个特色是将"学习需要""教学目的""优先顺序"和"约束条件"置于中心地位，说明这是整个教学设计的出发点和归宿，以强调教学设计过程中必须随时拿这几个因素作为参考的依据。如前所述，教学系统是由一组有共同目标和相互关联的因素所组成的，其作用范围是人为设定的，因此，肯普将学习需要和教学目的置于中心正是突出了系统方法的以系统目标为导向的本质。同时，教学系统的设计过程离不开环境的制约：先考虑什么，后考虑什么，能做什么，不能做什么等，都必须以环境的需要和可能为转移。

②第二代教学系统设计模式

第二代教学系统设计（ID2）的代表性模式应推"史密斯 - 雷根模式"。史密斯和雷根鉴于教学系统设计中对教学策略研究不够充分的现状，对教学系统设计理论进行了深入的研究，于 20 世纪 90 年代初期在两人合著的《教学设计》中提出新的教学设计模式。

该模式是在第一代教学设计中有相当影响的"迪克 - 凯瑞模式"的基础上，汲取了加涅在"学习者特征分析"环节中注意对学习者内部心理过程进行认知分析的优点，并进一步考虑认知学习理论对教学内容组织的重要影响而发展起来的。该模式较好地实现了行为主义与认知主义的结合，较充分地体现了"联结 - 认知"学习理论的基本思想。

史密斯和雷根认为，明确教学设计的一种方式是探讨系统规划教学所涉及的过程。在一般的意义上说，教学设计者的任务是要回答以下问题：

我们要到哪里去？即教学目标是什么。

我们怎样到那里去？即需要什么样的教学策略及媒体。

我们如何知道是否达成了目标？即如何检测、如何评估和教学调整。

所以，史密斯和雷根将教学设计过程分为三个阶段：教学分析阶段、策略设计阶段和教学评价阶段。

教学分析阶段，包括分析学习环境、学习者特征和学习任务。在这一阶段，教学设计人员要尽可能全面深度地了解学习者所处的环境、学习者特性，以及了解要求学习者完成什么样的任务，以便确定初步的设计栏目。

策略设计阶段，包括确定组织策略、传递策略、管理策略。教学策略的选择同促进学习的多种因素有关，此时，教学设计人员要确定与学习相关的内容和材料，还要安排学习者的学习活动，安排教学活动的先后顺序，选择适宜的教学媒体，以便设计好教学过程。

教学评价阶段，进行形成性评价（既包含了对学习者的评估，也包括了对教学的评估），对预期的教学过程予以修正。

此模式的设计者史密斯和雷根认为，自己的模式同迪克 - 凯瑞模式并不存在根本差别，但该模式有其新颖之处，即借鉴了瑞奇鲁斯有关教学策略的分类框架，把教学策略分为教学组织策略、教学传输策略和教学管理策略。他们强调应进行三类教学策略的设计：有关教学内容应按何种方式组织，次序应如何排列，具体教学活动应如何安排的教学组织策略；为实现教学内容由教师向学生的有效传递而针对教学媒体的选用和教学的交互方式所进行考虑的教学内容传递策略；在上述两种策略确定的前提下，如何对教学资源进行计划与分配的教学资源管理策略。

在这三类教学策略中，教学组织策略是重点，该策略的制定必须充分考虑学生原有的认知结构，这与认知学习理论密切相关，也渗透了建构主义学习理论的观念。该模式同时还对加涅的一般教学策略模型进行了扩展。可以说，史密斯和雷根的教学系统设计理论是对20世纪90年代以前教学系统设计的一个总结，真正把教学系统设计的重点从教学系统设计过程模式转移到教学系统设计理论和教学模式上来，着眼于具体教学问题，对设计教学策略给予了前所未有的关注。

（2）以学为中心的教学设计模式

以学为主的教学设计模式主要以建构主义的心理学为基础。建构主义的理论基础是皮亚杰的认知发展理论、维果斯基的"最近发展区"理论和布鲁纳的认知结构理论。

近年来教育技术领域的专家在建构主义学习理论的指引下，提出以"学"为中心的、能与建构主义理论相适应的教学设计模式。何克抗提出的"基于建构主义的教学系统设计模式"就是典型代表，此模式以问题或项目、案例、分歧为核心，建立学习"定向点"，然后围绕这个"定向点"，通过设计"学习情境""学习资源""学习策略""认知工具""管理和帮助"而展开教学。问题、案例、项目、分歧的提出基于对教学目标、学习者特征和学习内容的分析，结束部分的教学评价是教学系统设计成果趋向完善的调控环节。

除此以外，以学为中心的教学设计模式还包括以教师为主导、学生为主体的双主教学设计模式。该模式是何克抗教授在总结了以教为主和学为主的教学设计模式的基础上，将两者进行结合的产物。此模式汲取两种教学设计模式的优点，同时具有较强的灵活性，能够很好地适应我国不同地区学校的教育实际，具有比较科学而全面的理论基础。这不仅适用于指导课堂教学，也适用于指导网络教学和多媒体辅助教学课件的设计与开发。

（三）教学设计模式的要素

以上教学设计模式分类分析是基于不同视角对教学设计的分类分析。对教学设计实践而言，可以从以上模式中提炼归纳出一个简洁明了的教学设计的一般模式，该模式的要素有学习需求分析、学习内容分析、学习者特征分析、教学策略设计、教学过程设计、教学技术设计、评价目标确定与方法选择、形成性评价设计和总结性评价等。

实际上，不论哪一种教学过程设计模式，都包含四个基本要素：

一是学习者。教学系统的服务对象是学习者。为了做好教学工作，必须认真分析、了解学习者的情况，掌握他们的一般特征和初始能力，这是做好教学设计的基础。

二是学习需求（学习目标）。通过教学活动，学习者应该掌握哪些知识和技能，培养何种态度和情感，用可观察、可测定的行为术语精确地表达出来。同时，也要尽可能地表明学习者内部心理的变化。

三是教学策略。为了完成特定的教学目标，所采用的教学模式、方法、组织形式，以及对教学媒体的选择、使用和开发的总体考虑。

四是教学评价。教学评价包括形成性评价、总结性评价，它的目的是了解教学目标是否达到，从而作为修正设计的依据。

应该清楚地认识到，划分教学设计环节的目的是更加深入地了解和分析，并发展和掌握整个教学设计过程的技术。因此在实际设计工作中，要从教学系统的整体功能出发，保证"对象、目标、策略、评价"四要素的一致性，使各要素间相辅相成，产生整体效应。

综上所述，我们可以发现，基于不同视角的教学设计模式形态多样，并随着教学设计理论的发展而不断变化，但其核心非常明确，都在于提高教学的有效性。

二、英语教学设计的模式

（一）高中英语教学设计的基本模式

基于教学设计的一般模式，高中英语教学设计的基本模式应该是：

1. 分析

（1）学习者分析

准确分析学习者是成功开展教学设计的一项决定性因素。学习者分析是通过分析、调查，把握学习者的心理特征、学习风格、已有知识和技能等，为教学内容的选择和组织、学习目标的编写、教学活动的设计、教学方法与媒体的选择和运用等提供依据。

学习者分析是整个教学设计的起点，因为只有准确地把握学习者的英语学习特征，才可能设计出符合这一特征的教学目标、教学策略、教学技术和教学过程与评价标准。显然，教学设计的一切都基于学习者的特征分析。

对于高中英语教学设计，学习者分析要准确把握学生的真实学习目的、真实学习动机、已有知识技能、知识认知机制、学习心理顺序、学习逻辑顺序、英语学习机制等，因为这些要素都对高中英语教学设计有着根本性的影响。

（2）学习需求分析

学习需求就是学习活动要达到的学习目标与学生现有的学习起点水平之间的差距。学习需求分析就是通过科学、系统的调查与分析，确定学习目标与学生起点水平之间的差距。

学习目标的确定是学习需求分析的关键。确定学习目标需要结合社会需求和个人发展需求，充分考虑可以利用的各种资源（教师、学生、教学设施、教学媒体、教学材料、教学经费等）和各种相关的促进与制约因素，才能确定合理的、科学的学习目标。

学习目标的确定需要考虑长期的目标、中期的目标、近期的目标，或者是整个学习期间的目标、学段的学习目标、学年的学习目标、学期的学习目标、单元的学习目标、课时的学习目标，只有形成科学、合理的目标体系，才可能进行合理的教学设计。

确定学生现有学习起点水平则需要调查、评价与分析学生已经达到的学习水平，尤其是与学习目标直接关联的学习水平。

对于高中英语教学设计，开展学习需求分析是非常重要的。我们需要依据社会需求、个人发展需求，科学地确定高中英语学习的目标。

可以说，当前我国基础教育英语教学的很多困难，来自学习目标的不合理。事实上，在社会需求层面，确定了面向全体受教育者的、以培养外语运用能力为总目标的外语教育目标，然而，在我国当前发展阶段，并不需要全体国民都成为外语使用者。对于个人来说，我们绝大多数的英语学习者确定了高考、中考等外语学习目标，绝大多数学生是考什么就学什么，只有很少学生会为了外语运用能力放弃外语考试分数。在课时目标层面，我们很多教师和学生都会把词汇、语法作为基本的重点学习目标，而且要在一课时之内就彻底掌握所学词汇和语法项目，而不考虑学习者的学习能力。可以说，高中英语教学设计最为关键的是设计科学、合理的高中英语教育教学目标。

（3）学习内容分析

学习内容就是教学活动中为实现学习目标而学习的知识与技能、过程与方法、情感态度与价值观的总和。根据国家《普通高中英语课程标准》的规定，英语学科的核心素养为语言能力、文化意识、思维品质、学习能力。具体的学习内容是课程标准规定、通过教材实现的语言材料。

分析学习内容是要使教师、学生明确，教学活动要让学生学什么，与教学目标密不可分。当前，在高中英语教学中，英语教师在进行学习内容分析时都能很好地把握教学内容的语义内容，很多也能比较好地把握语境内容，但大多数英语教师都存在把握语用内容的困难，甚至普遍出现在分析教学内容时，只分析到语义内容，或者分析到语境内容，却没有分析到语用内容，这导致语用学习目标的严重缺失。分析教学内容时，我们必须把握教学内容的语义、语境、语用内容，尤其是语用内容，如此才有可能培养学生的英语运用能力。

2. 设计

（1）教学目标设计

教育是人类有目的的社会实践，目标设计是教学设计的关键，因为若目标迷失甚至错误，教学分析做得再全面，教学策略、过程、技术与评价设计得再合理，反馈修正再认真，也没有意义，甚至会有很大的负面作用，因为方向已经错误。教学目标要基于教育目标、课程目标设计，高中英语教学目标设计要充分考虑学生的认知能力，因为他们的心智还在发展之中。

核心素养是我国教育目标的重要内容，高中英语教学设计要将教学目标首先定位在发展学生的核心素养上。课程标准是核心素养在英语课程领域要求的具体体现，课程标准所规定的课程目标、教学要求、评价要求、教学案例、评价案例等，均是高中英语教学目标设计的基本依据。

核心素养与课程标准的规定是面向我国全体学生的规定，而课堂教学则是面向我们自己学生的教学实践。所以我们在高中英语教学目标设计时，还须非常充分地分析我们自己学生的发展需求，这些需求可能高于面向全体学生的要求，也可能相当或低于这些要求。

（2）教学策略设计

教学策略是为了完成教学任务，实现教学目标而采取的教学活动的程序、方法、形式和媒体等教学因素的总体设计，包括对知识与技能教学内容的序列设计，对教学活动过程的系统问题和期望的学生反应的设计，对教学的组织形式和媒体呈现信息方式的设计，具体包括课时的划分、教学顺序的设计、教学活动的设计及教学组织形式的选择与设计。

教学策略设计必须基于教学目标，切合教学内容，适合学习者特征，还要考虑实际教学条件的可能性，创造性地设计，灵活地安排教学活动，巧妙地设计各个环节，合理地安排各有关因素，形成系统的、总体的设计，使之能够发挥整体的教学功能。

教学策略有多种分类方法，常见的分类为组织教学过程、安排教学顺序、呈现特定教学内容的教学组织策略，确定教学信息传播形式和媒体、教学内容传递顺序的教学传递策略，将教学组织策略和教学内容传递策略协调起来（包括时间的安排与组织、教学时的资源分配等）的教学管理策略。对于中学英语教学设计，这些策略都是不可或缺的。

（3）教学过程设计

教学组织策略的设计包括教学过程的设计，但教学过程对于高中英语教学设计非常重要，需要专门探讨。所以，高中英语教学设计单列出教学过程设计，以突出其重要性。

教学过程是为实现教学目标而开展的多个教学活动组成的连续过程，英语教学理念形成了强调学习过程的任务教学。

任务教学的教学过程设计应该包括以下内容：①任务介绍。这是一个向学习者介绍任务的环节，目的是让学生知道学习语言之后要用所学语言完成的任务，让学生明确语言学习的目标。②任务准备。这是语言学习的过程，分为接触（exposure）和吸收（intake）两个主要环节。语言接触是教师呈现所学语言，让学生学习所学语言的环节。语言吸收是学生经过练习内化所学语言项目的环节。吸收是影响语言学习效果的最为关键的环节，没有吸收就不可能有语言学习的结果，学生也就不可能形成语言运用能力。③任务完成。这是学生在学习所学语言之后，运用所学语言做事的环节，也是语言输出的环节。④语言巩固。这是在学生用语言做事之后，对其语言运用中存在的问题，有针对性地进行巩固强化，达到促进语言内化的目的。

（4）教学技术设计

教学离不开技术，无论是传统的黑板、粉笔等形成的彩色粉笔使用和板书技术，还是现代信息技术、互联网技术、多媒体技术的使用，都有助于提高教学的有效性。所以教学设计需要教学技术设计。

教学技术设计包括教学媒体选择与使用、运用教学媒体辅助教学活动的设计。我们应基于学习目标、学习内容、学习者特征和教学策略与教学过程的设计，依据各种教学媒体所具有的教学功能和特性，选择教学媒体和设计教学媒体辅助活动，因为各种教学媒体对于教学的功能不同，效果不同，各有所长，因而没有适用于所有教学内容和教学情境的媒体。教学中也没有必不可少的媒体，只有有效的媒体和媒体的有效使用。

教学媒体选择与教学媒体辅助教学活动的设计，直接影响学习目标的达成以及教学策略的实施。

在英语教学设计中，由于视频、音频媒体是语言教学的重要媒体，所以对于这些媒体的设计与选择是非常重要的，但是不能为了媒体而媒体、为了技术而技术，而应以教学需要为依据，来选择和使用教学媒体。

3. 评价

教学设计是提高教学有效性的过程，教学目标是否达成是评价教学设计有效性的关键，而学习成效的评价是评价教学有效性的基础，确定学习成效的评价标准，是开展教学评价的前提。从评价目的分，学习成效评价可分为诊断评价、学业成就评价等；从形式分，可分为形成性评价、总结性评价。

确定学习成效评价标准应该以学习目标为基础，评价的标准要以根据学习过程中的实际学习情形确定，学业成就评价的标准则可以直接依据学习目标确定。

形成性评价常用于对于学习过程的评价，评价标准可根据评价需要确定；总结性评价常用于对于学业成就的评价，评价标准主要基于学习目标确定。

我国当前高中英语教学的评价存在很多问题，主要是评价标准过偏，评价手段单一，往往用单一的语言知识目标代替语言综合运用目标，用总结性评价作为学习过程中的相当评价。

根据综合语言运用能力这一总体目标，高中英语教学设计的总结性评价试题应以具有语境的应用型试题为主，合理配置主观题和客观题，对语言知识的考查不能孤立地考查某些知识点，更不能考查对知识的机械记忆。

针对当前我国基础教育英语教学中广泛存在总结性评价目标过偏的问题，高中英语教学设计，尤其需要强调基于综合语言运用能力这一总体目标设计和开展总结性评价。

4. 反馈修正

反馈修正就是根据评价提供的反馈信息，对教学设计进行调整，从而提高教学的有效性。

教学设计作为一种预设，自然可能因为分析的误差、设计的失误，而出现教学过程中的不适切性，而教学评价可以提供大量的教学信息，反映教学目标的达成度。教学设计不应该是一成不变的、僵化的预设，教师应该根据教学过程中反馈的各种教学信息，不断调整教学策略，甚至在教学设计中预测可能出现的问题，预设一些预案，从而在教学过程中根据教学反馈不断修正教学活动，以提高教学有效性。

在高中英语教学实践中，一些经验丰富的教师往往根据自己的经验积累形成大量案例，随时捕捉教学信息的反馈，调整教学策略，促进教学有效性的提高。

教学设计就是一种理性化的教学准备活动，可以促进教学实践从经历到经验的提升，帮助教学经验不多的教师在较短时间内成长为经验丰富的教师，达到可以随时捕捉教学信息反馈、根据教学信息反馈随时调整教学策略的程度。

高中英语教学设计作为外语教学设计，存在学生已有知识与技能不足、教学环境与条件不充分等特定困难，尤其需要根据教学信息反馈随时修正教学策略。

综上所述，高中英语教学设计的一般模式为分析、设计、评价、修正模式，其中学习目标的分析、教学过程的设计、评价目标的确定、依据反馈不断修正教学策略，是至为关键的要素。

在以上一般模式之外，建构主义的教学模式也具有独特价值，尤其是对于以学生为中心的教学设计理念，有助于我们深度改革我们的教学。建构主义的教学设计模式强调以学生为中心，强调"情境"对意义建构的作用，强调"协作学习"对意义建构的关键作用，强调对学习环境而非教学环境的设计，强调利用各种信息资源来支持"学"而非支持"教"，强调学习过程的最终目的是完成意义建构而非完成教学目标。

（二）高中英语教学设计的基本形式

在具体运用中，高中英语教学设计的结构应以课程标准作为指导思想，以简要的形式（稳定的操作样式）向使用者说明高中英语教学设计应该做什么，怎样去做。因此，我们可将高中英语教学设计的结构分为"分析""设计""评价""修正"四个阶段。

对该结构模型各环节的说明如下所述：①在"分析"环节，学习者分析与学习需要、学习内容等其他要素分析一样同属于前期分析阶段完成的主要任务，但由于学习者分析是教学设计各个环节的前提和基础，尤其在预设阶段和教学实施过程中，每一项任务都应以学习者为中心来开展，因此，将学习者特征分析单独列出，以突出它的重要性。②在"设计"环节，既包括传统教学模式下的教学目标、教学策略、教学过程设计、教学活动设计、教学媒体、评价设计等要素的设计与准备，更强调基于建构主义理论教学模式下的情境教学的预设。③在"评价"环节，主要包括基于文本分析的评价、基于课堂观察的评价。④"修正"环节与传统教学设计模式一致，在评价和反馈的基础上，对上述各环节进行不断修正，以使整个教学设计过程趋于完善。

第二节　英语教学目标设计

一、高中英语教学目标内涵

（一）教学目标的内涵

教育作为人类的一种生存实践活动，其本质在于其目的性。"每一项教育行动都是指向某个目的的一个过程的一部分。"在课程教学之中，教育目的落实为具体的教学目标。不同层次的教育目的有着内在的从属关系，也就是说，课堂教学中每一个具体的教学活动、教学环节的教学目标应全面充分体现单元目标，每个单元目标应全面充分体现学期目标，进而学年、学段目标，再进而应全面充分体现学科教育目的，学科教育目的应全面充分体现地方、学校教育目的和当前宏观教育目的，地方、学校教育目的也应充分体现当前宏观教育目的，而当前宏观教育目的应全面充分体现终极教育目的。基于此，教学目标应充分体现教育目的。核心素养作为我国教育的基础，教学目标的内涵也就必然应指向核心素养的三大领域（文化基础、自主发展、社会参与）、六大素养（人文底蕴、科学精神、学会学习、健康生活、责任担当、实践创新）。

（二）英语教学目标的内涵

作为有目的的活动，人类的教育实践必须确定正确的教育目的，并通过学科课程教学的教学目标实现。英语课程的教学目标是总体的教学目标在英语课程的全面充分体现。著名课程学家塔巴和泰勒研制的学科课程开发流程图，就明确指出在课程设计中必须设定学科的总体目的、确定课程的课程目标。

基于英语学科的内容优势，英语学科形成了自身的学科素养发展目标，即语言能力、文化意识、思维品质、学习能力。

教学目标是指教学活动实施的方向和预期达成的结果，是一切教学活动的出发点和最终归宿，它是教育目的在具体教学中的体现。教学目标必须体现促进学生发展这一根本性的教育目的，也就必须落实我国学生发展的核心素养这一目标体系，高中英语教学目标应体现英语学科核心素养的要求，即应包括语言能力、文化意识、思维品质、学习能力四项基本内涵。

作为英语学科的核心素养的语言能力，是指在社会情境中，以听、说、读、看、写等方式理解和表达意义、意图和情感态度的初步能力。英语语言能力构成英语学科核心素养的基础，是学生发展文化意识、思维品质和学习能力的依托。英语语言能力的提高有助于学生拓宽文化视野，丰富思维方式，在全球化背景下开展跨文化交流。

文化意识作为英语学科核心素养，是指对中外文化的理解和对优秀文化的认同，是学生在全球化背景下表现出的文化意识、人文修养和行为取向。文化意识体现英语学科核心素养的育人价值取向。文化意识的培育有助于培养学生跨文化视野，增强国家认同感和家国情怀，学会做人做事，成长为有文化修养和社会责任感的人。

语言与思维密切关联，思维品质是英语学科不可或缺的核心素养。作为英语学科的核心素养，思维品质是指人的思维个性特征，反映其在思维的逻辑性、批判性、创造性等方面所表现的能力和水平。思维品质体现英语学科核心素养的心智发展。思维品质的发展有助于提升学生分析问题和解决问题的能力，从跨文化的视角观察和认识世界，对事物做出正确的价值判断，促进学生的深度学习。

高中英语学习是学生终身英语学习的基础，学习能力是高中英语教学应该发展的学生核心素养。学习能力是指学生积极运用和主动调适英语学习策略、拓宽英语学习渠道、努力提升英语学习效率的意识和能力。学习能力构成英语学科核心素养发展的必要条件。学习能力的形成有助于学生做好英语学习的自我管理，养成良好的学习习惯，拓宽学习渠道，提高学习效率。

这是英语学科的总体目标。在每一单元之上的教学目标，必须全面充分体现总体目标的每一维度。至于每一课时、每一环节、每一活动的教学目标，则是一个单元的总体目标的组成部分，可能是总体目标的每一维度的落实，也可能只是其中一部分维度的落实，尤其是落实到每一课时，可能需要包含所有维度的目标，也可能只是其中一部分维度的目标，我们需要根据第四章所讨论的教学要素进行确定。本书案例中我们列出了所有四项素养的目标，具体教学中须根据需要进行取舍。

当然，高中英语教学目标的内涵不仅包含英语学科的核心素养，更是核心素养的具体化。高中英语学科目标的具体内容很丰富，在《普通高中英语课程标准》中有详细规定，高中英语教材以教学内容形式详细、全面、深度解读了课程标准所规定的高中英语教学目标，我们需要基于课程标准、教材把握教学目标。

教学设计强调学习者作为起点，教学目标设计也必须基于学习者进行规定，将核心素养、课程标准、教材所规定的高中英语教学目标整合为以学习者为中心的教学目标。

二、高中英语教学目标确定与表述

（一）高中英语教学目标的确定

教学目标对课堂教学的作用是引导教学活动的展开，通过分析教学内容、教学重难点和学生的原有学习基础，设定学生可以达到的目标，以引导学生自主、积极地参与到实现目标的教学过程之中。教学过程中的任何教学活动都是为了实践某一或某些教学目标而开展的，设计指向目标的教学活动，须从每个单元、每一堂课，甚至是每一个活动的目标着手。

确定教学目标，首先必须明确课程目标，将教材中的单元目标与课程目标进行比较，建立联系，然后根据教材的具体内容确定单元教学目标，进而基于学习需求等，设计出课时教学目标、活动教学目标。如果教材与课程标准的要求是一致的，那么，在确定单元教学目标和课堂教学目标时，应依据以下评价标准确定教学目标：

第一，以单元为长度单位分析教材，确定基于单元的课时语言知识和技能目标。教师在教学设计时，需要考虑到单元整体的教学目标，并以打牢学习者的学习基础为原则，以促进学生知识的综合运用为目的。

第二，基于学生已有水平确定恰当的语言知识和技能目标。学生是教学目标的主体，教学目标主要体现学习者学习前后知识与技能的变化。在这个基础上，教师确定教学目标，制定恰当的教学内容，实现学习者在语言知识和技能上的提升。

第三，结合语料将宏观和具体的情感态度目标结合起来，并在教学中显性或隐性渗透。高中英语中主要是对学习者的情感态度目标加以强调，要让学习者有兴趣听英语、说英语、唱歌、讲故事、玩游戏等。学生个体的兴趣培养和自信心建立是高中阶段英语教学十分重要的宏观学科教学目标，所以应该在课堂教学中注重学生的德育培养、价值观建构，并自然而然地进行渗透。

第四，要尽可能挖掘教材文本语料中已有的隐性学习策略和文化意识目标，并将其显性化。语言和文化密不可分，所以教师应注重学习策略目标和文化意识目标，这样才有利于学生形成自主学习能力，实现个性化学习。

应在理解教学目标内涵的基础上确定高中英语教学目标，这就要求教师对教材进行研究，对学习者的特点进行分析，制定出合理、恰当、具体的课堂教学目标，以此促进学生的学习和自我发展。

单元教学具有单元整体性，所以单元教学目标需要覆盖核心素养的各个领域，但课时教学目标则是单元目标的具体化，可以基于教学内容、学习过程、学生特点而细化到不同领域，每一课时有所侧重，一个单元所有课时的目标共同实现单元目标，而不是每一课时都落实单元每一领域的目标。

单元目标落实到课时，不仅要分析教材设计中单元整体的教学过程，还要考虑符合学生学习过程规律，既包括从语言接触到语言学习再到语言运用的一般过程规律，也包括各个环节、活动的过程性。课时目标应采用"语言能力 +"的方式设计，即课时目标必须具有语言能力目标，以此为基础，合理增加其他目标，可以包括所有四项素养，也可以包括一项、两项。

课时目标也需要考虑到每一教学环节、教学活动自身的过程性，不仅要符合课堂教学从导入、学习、训练、运用等一般环节过程的特性，还要符合每一活动自身的过程特性。

（二）高中英语教学目标的表述

在教学设计中，应采用表现性目标取向表述教学目标，具体到每一单元的整体教学目标和每一堂课的具体教学目标采用行为动词的表述方式，如"说出、读准、熟悉"等，表述学生学习的行为表现。

行为动词的表述要以学习者的学习所得为对象，采用"学习、体验、了解、运用"等，而不能以教学行为为对象，如"教授、练习、引导学生"等。

在表述教学目标时要注意教学目标的层次性。不论是阅读、听力、词汇还是语法，都包含不同等级的教学目标，如理解、记忆、应用、分析、评价、创造。

在表述教学目标时要注意教学目标的层次性。不论是阅读、听力、词汇还是语法，都包含不同等级的教学目标，如理解、记忆、应用、分析、评价、创造。

在描述教学目标时，可以基于《普通高中英语课程标准》表述学习目标的形式，从教学行为视角进行描述。

以上是从课程视角对教学目标的描述，我们还可以从学生学习行为视角描述教学目标。此时，我们可采用以下常用的说明行为目标的动词及其搭配形式，描述教学目标：

课程目标不是直接的教学目标，而需要我们基于教学内容、学习需求等要素将其描述为教学目标。

以上是从课程视角对教学目标的描述，我们还可以从学生学习行为视角描述教学目标。此时，我们可采用以下常用的说明行为目标的动词及其搭配形式，描述教学目标：

学习（课文、语词、语句……）

识别（语词、不同语句结构、图形……）

了解（知识、过程、原因……）

知道（相同与不同、分类……）

区分（不同语义、不同过程……）

感知（语音、语调、色彩之美……）

朗读（单词、基于语用目的的不同语调……）

记忆（所学单词、故事情节……）

理解（故事主旨大意、人物关系、因果关系……）

听懂（语义、人物语气、时间、地点……）

运用（所学单词、语句结构……）

掌握（所学语词、语句结构……）

书写（语词、语句结构……）

评价（朗读的正确性、书写的正确性……）

写作（日常生活对话、介绍自己的短文……）

修改（自己的写作、他人的语法错误……）

发展（思维能力、判断能力……）

当然，具体的目标不同，动词则不同，搭配也不同。

目标表述方式很多，比较简洁的方式是"ABCD"表述方式。目标表述要注意对象

（audience），教学对象是几年级的学习者。目标要针对主要行为（behaviour），说明学习者通过学习后能做什么。目标还要有明确的实现目标的条件（condition），说明在教学过程中的行为在什么条件下产生。最后还要说明目标实现的程度（degree），是哪一层面的学习者，多少学习者，掌握到什么程度，等等。

在英语学习中，词汇、语法、句型等作为知识也表现出不同的层次。例如，知识可以分为事实性知识、概念性知识、程序性知识和元认知知识，所有这些知识都要表现记忆、理解、应用、分析、评价和创造六个层次，所以词汇教学也应该包含对词汇信息、意义和功能的表述，对词汇意义的理解以及词汇的应用，词汇的创造性运用。

第三节　英语教学策略设计

一、高中英语教学组织策略设计

（一）高中英语教学组织形式

在当代教育实践中，教学组织形式有四种基本形式：班级教学、小组教学、个人学习、网络组织形式。班级教学是教师向一个班级的学生传递教学信息的教学组织形式；小组教学是教师通过组织班级内的学生形成不同的小组传递和分享教学信息的教学组织形式；个人学习是教师指导学生个人根据学生自己的选择接受和获得教学信息的教学组织形式；网络组织形式是基于信息技术尤其是互联网技术发展带来的新的教学组织形式，学生可以与计算机进行互动学习，也可以与同一网络空间的同伴组成虚拟小组、班级进行学习，当然也可以与实际小组、班级同学在网上进行互动学习。

个人学习是人类历史上最早出现，也是最本质的学习形式。随着人类的社会化分工，教学需要强调规模效益，班级就开始出现了。在班级教学中，教师可以根据不同的学习风格、学习基础等，把学生分成若干小组，进行教学。

在具体的班级教学中，我们往往会根据学生情况、教学内容等，综合使用其他三种不同的组织形式，因为教学的这三种组织形式各有所长，也各有所短，适合使用的条件和对象也各不相同。

在英语课堂教学中，我们讲解课文或说明语法内容时，通常会采用班级授课的方式；在组织任务实施时，我们通常会将学生分成小组；而对于需要记忆、背诵的内容的学习，我们只能依靠学生自己个人的努力去完成。

当然，我们应该根据教学需要，最大限度地使用不同的教学形式。以小组教学为例，我们应该尽可能根据教学目标，将学生分成小组。若任务需要不同能力学生的配合才能完成，我们应该根据学生能力水平，把不同能力的学生分在同一小组，而不是把同一能力水平的学生分在同一小组。但若任务是需要同一能力水平的学生才能完成，就自然应该根据学生水平分小组。

只有一切从学生实际出发、一切从学习目标出发，我们才能最大限度地选择恰当的组织形式。课堂教学活动是最主要的学校教学活动，与课外活动相比较，其目的性更强，学习效率更高。根据高中英语课堂教学活动可分为知识与技能的展示与呈现、语言知识与技能训练、语言应用实践及策略、学习评价等环节。这些环节可以根据具体的教学要求，按照不同的顺序展开，而且常常在课堂教学中交替进行。下面从班级教学活动组织策略、小组教学活动组织策略、个人学习活动组织策略、网络学习组织策略等方面进行说明。

1. 班级教学活动组织策略

班级教学活动组织策略是指为完成特定教学任务把一定数量的学生按年龄与知识程度编成固定的班级开展的一系列教学活动组织形式。在班级组织授课中，同一个班的每一个学生学习内容与进度必须一致，班级组织活动注重集体化、同步化、标准化，其最大优点是效率提高，便于统一管理、统一教学、节约资源等；而缺点是不能照顾到学生的个别差异，不能对学生进行个别指导，不利于培养学生的兴趣、特长，不利于发展学生的个性。因此，教师在组织班级活动教学过程中应充分运用其优势避开其缺点。高中英语教学属于语言教学，教师在教学过程中更要利用其特点。

班级教学是高中英语教学的最基本形式，但高中英语教学往往需要针对个人的学习成效检查与学习指导，甚至示范，同时很多活动可能以小组形式展开。所以，班级活动本身也包括班级活动中的小组活动、个人学习活动。尤其是在班额较大的时候，班级教学更需要通过小组活动、个人学习等，达到预设的教学成效。

2. 小组教学活动组织策略

小组教学打破传统的年龄编组方法，按学生能力或学习成绩、学习风格、学习优势等的异同进行分组教学，目的是解决班级授课不易照顾学生个别差异的弊病。

分组教学类型主要有能力分组、作业分组、优势分组、风格分组等。能力分组是根据学生的能力发展水平来分组教学的，各组课程相同，学习年限各不相同。作业分组是根据学生的特点和意愿来分组教学的，各组学习年限相同，课程则各有不同。优势分组是根据学生完成学习任务所需的优势，进行合理的分组，包括相同优势小组、不同优势小组等。

风格分组与优势分组相同，即根据学生完成学习任务所需的风格，进行合理的分组，包括相同风格的同质小组、不同风格的异质小组等。

分组教学一般有内部分组和外部分组。内部分组是在传统的按年龄编班的班级内部，根据学生能力或学习成绩的发展变化情况分组教学。外部分组是在班级外部根据两种情况进行分组：一种是在新生入校时按考试成绩分班；另一种是对已学习了一定年限的平行班的学生重新按现时的考试成绩分班，然后开设不同层次的课程，如英语 A、英语 B 等。

分组教学最显著的优点在于它比班级上课更切合学习个人的水平和特点，便于因材施教，有利于人才的培养。但是，它仍存在一些较严重问题，一是很难科学地鉴别学生的能力和水平；二是在对待分组教学上，学生、家长和教师的意愿常常与学校的要求相矛盾；三是分组后造成的弊端较大，往往导致学习困难学生的学习积极性受损。合理的分组教学的组别设计，应该是分目标的组别，而不是分成绩的组别。

小组学习的关键在于开展合作，而不是小组内的个人学习。合作学习是一种教学活动和教学策略体系，是教师以学习小组为单位组织教学的一种手段，通过指导小组成员展开合作，发挥群体的积极功能，提高个体的学习动力和能力达到完成特定教学任务的目的。小组合作学习一般包含五个基本要素：根据学习目标需要进行编组，确定小组共同目标与组员个人目标，小组成员之间形成积极互动，但每个成员承担相应个体责任，在活动过程中和最后进行小组评价。

（1）组建小组

组建小组就是指在组建合作小组时，应按"组内异质、组间同质"的原则进行分组。所谓"组内异质"是指合作学习小组必须是由两名以上学生（通常是 4 ～ 6 人）根据性别、学业成绩、个性特点、家庭 - 社会背景、守纪状况等方面的合理差异而建立的相对稳定的学习小组，以保证组内各成员之间的差异性和互补性。"组间同质"是指各小组的总体水平要基本一致，从而保证各小组之间公平竞赛的开展。小组合作学习这种"组内异质、组间同质"的分组原则，一方面使得各异质小组的构成达到合理配置，另一方面又使各小组处于大体均衡的水平上，增强了小组优胜的信心，促进了组内成员对学习任务和学业竞赛参与的积极性和主动性，有利于学生主体能动性的发展。

（2）确定小组目标

合作学习以小组为主体来设置目标，并以此保障和促进课堂教学的互助、合作气氛。小组的共同目标把小组内部每一个成员的个人利益与小组的集体利益统一起来。为了达成一个共同的目标，小组内的每一个成员必须通过分工合作、资源共享、角色轮换、集体奖励等手段，创造和谐有效的学习环境和依赖关系。

（3）积极互动

合作学习中学生以小组为单位开展学习活动，在没有教师直接管理的情况下进行学习，小组成员相互依赖，相互沟通，相互合作，共同负责地学习某些材料，从而达到共同目标。在全体组员所认同的角色目标下，每个成员承担不同的角色和子目标，为了小组的成功，小组成员不仅要对自己的学习活动负责，还要为小组的其他成员负责，实现共同发展。

（4）明确个体责任

在合作学习中，每一个人都被视为完成学习任务不可缺少的个体，小组成员必须明确自己在小组合作、实现目标中的角色定位，承担起自己的责任。这种责任承担主要体现在两方面：一是做好自己在组内分工的任务，因为这份工作成为实现小组学习目标过程中不可或缺的一环；二是在做好"本职工作"的同时，积极主动地协助他人，因为在小组合作学习中，没有个人的成功，就没有小组共同目标的达成。

（5）开展小组自评

为了保持小组活动的有效性，合作小组必须定期评价小组成员的活动情况，这就是"小组自评"。在进行小组自评时，至少应包含如下内容：总结有益的经验，对小组活动中存在的问题和原因进行分析，对小组的发展方向和目标提出明确的要求。

3. 个人学习活动组织策略

个人学习活动组织策略就是指在教学中根据学习者个体差异选择特定的教学方法，为完成一定的教学任务而采取的教学与管理方法。个体的差异包括生理和心理上的差异，情感和非情感方面的因素影响着个体学习效率。尊重个体差异，因材施教是人类教育经久不衰的话题，因为这是促进教学成效提高的重要途径。

个人学习的关键在于自主学习。自主学习强调应根据自主学习的理念为学习者创建支持性的学习环境，使学习者学会自我管理和自我评价，逐渐成为自主学习者。因此，为学习者创设和谐、互助、自主的环境是自主学习教学过程的核心部分。也就是说，教师向学习者提供一定的学习材料，以学习者自主学习为主，以相互学习和教师指导为辅，促进学习者知识和能力的发展。由于自主学习教学过程能够促使不同的人获得不同的发展，开展差异性教学，可激发和增强学习者的学习兴趣，有利于学习者主体作用的充分发挥，能较好地实现教学的情感目标。

在自主学习活动组织教学中，教师鼓励学习者采用不同的学习途径或方式，不强求一致，尊重并帮助学习者发展自己个性化学习的途径和方式。每个学习者的认知风格各有不同，有的学习者喜欢独立思考，表现为具有场独立风格的学习特点，而有的学习者则更愿意与他人交流，表现为场依存风格的学习特点。同一个问题的解决，学习者可以通过独立思考的途径，也可以通过学习者之间合作交流的途径。同一个观点的认同，学习者可以选择接受式学习方式，也可以选择有意义的发现式学习。

需要强调指出的是，自主学习并非指学习者根据学习材料自学。事实上，自主学习教学模式提倡以合作交流为特征的小组教学。通过小组教学，学习者作为学习活动的积极参与者，在与他人的积极合作过程中，不仅能够实现信息与资源的共享与整合，使自我认知能力得以扩展和完善，而且还能够培养学习者的合作精神和群体意识。例如，教师在设置问题时，应向学习者提供符合学习者的认知能力水平、有针对性、有层次的问题情境，鼓励学习者主动探索，从不同的角度探究问题中可能隐含的条件和规律，然后在组内交流各自的想法。这样，才能培养学习者独立思考的好习惯，才能达到小组教学的良好效果。

从学习者的全面发展要求看，自主学习教学组织策略应注重教育学习者学会学习，培养学习者能够科学地提出问题、探索问题、创造性地解决问题的能力。在自主学习教学过程中，教师并非旁观者，在向学习者介绍新材料或新任务、提出新问题时，教师应起到学习活动组织者或引导者的作用。在开展学习活动时，教师应起到合作者和促进者的作用，在参与学习活动的过程中，发现学习者理解问题的角度、深刻程度以及存在的问题，并适时介入，或肯定学习者在讨论中所持的正确的观点，或引导学习者的讨论活动。当发现学习者遇到困难时，教师就成为点拨者，帮助学习者排除思维过程中的障碍。同时，教师要起到心理咨询者的作用，引导学习者学会倾听、理解、分享，鼓励学习者不断树立参与学习活动的信心。教师还要起到发现者的作用，善于发现学习者提出的富有创意的见解或独具特色的问题解决方式。

思维情境是激发学习者自主学习兴趣的动力源。自主学习教学过程要求教师根据学习者的认知水平、已有的知识和学习体验，设法挖掘学习者原有知识和课本内容之间的联系，并将课本中的结论性知识重新组织成能够得出这一结论的、具有科学性特征的语言信息。这种具有知识性、趣味性和讨论价值的"可学习"特征的材料，如果能够引发学习者好奇心，贴近学习者的知识和体验，落在学习者最近发展区，那么学习者就更容易入情入境，对学习活动产生浓厚的兴趣和强烈的探索欲望，那么自主学习行为的产生也就成为可能。

4. 网络学习组织策略

基于信息技术发展，尤其是互联网技术的发展，学习可以在网络进行。基于网络技术建设的外语学习空间，能记录学生学习的全过程，通过人机互动，建构自适应学习过程，还能为外语学习创设真实外语语境。

学生基于网络进行学习，首先是学生自己与计算机的人机互动，计算机对学生的基本信息、学习过程的记录、分析、处理，然后是学生与网络的互动，学习网络呈现的教学内容，开展相应活动，完成所分配任务等。

学生基于网络的学习，更是与网络同伴、网络教师的互动，是在网络空间的学习，这种学习更能够适应学生的不同需求、不同兴趣、不同风格等，学生可以非常便捷地基于相同学习要素组成虚拟学习小组、班级，也可以非常便捷地基于不同学习要素进行组合，从而可以进行更个性化的学习。

网络组织形式还在快速发展之中，移动互联网的发展将为网络这种教学组织形式带来更大的变革与更加丰富的可能。

（二）高中英语教学内容组织策略

1. 有机整合组织策略

英语教育属于高中教育的一个学科，既具有高中教育的整体性，也具有学科的整体性，不能也无法从高中教育中切分出英语，也无法从英语教育中切分出教育。同时，语言自身也具有整体性，语言运用是对所需语言知识、语言技能、语言能力的整合，也包括对语言相关的文化、思维的整合，因为没有任何语言运用的形态只是某一种知识、某一种技能的运用，而是多种知识与技能的整合，以及与相关因素的整合。即使是学习朗读字母 A，也需要字母知识、语音知识与听、读（朗读）、看的技能的整合，而实际上朗读字母 A 并不能直接形成语言能力，其实只是字母 A 学习目标的组成部分，更为合理的基于运用的目标则是能运用字母 A 读音进行说明 An A（Here's an A.I've got an A）！ Hooray！ 如此而言，朗读字母 A 则包括了字母、语音、词汇、语法知识，以及听、说、读、看的技能，以及对文化、思维、学习能力的整合。

整合学习有着不同层次的内涵。在教育层面，整合学习是指不同教育领域、不同经验世界、不同学科课程的整合。在英语学科，基于课程标准的表述，整合学习是指学生在主题语境中，基于语篇，通过语言技能活动，运用学习策略，获得、梳理、整合语言知识与文化知识，理解与赏析语言，比较与探究文化，评价与汲取文化精华。

根据英语课程标准的解读，英语课程中的整合学习是一种为了有效促进学生英语学科核心素养发展，基于学生英语学习机制与学习需要的学习路径。在整合学习中，学生在主题语境中，基于语篇，通过开展语言技能活动，运用学习策略，获得、梳理、整合语言知识与文化知识，理解与赏析语言，比较与探究文化，评价与汲取文化精华，实现核心素养发展目标。主题、语篇是整合学习的语言条件。开展语言技能活动，获得、梳理、整合、运用语言知识与文化知识，运用学习策略，理解与赏析语言，比较与探究文化，评价与汲取文化精华，是整合学习的具体活动。学习活动要基于主题、语篇提供或设定的语言条件。

英语课程的整合学习不是六要素的全部整合，而是根据学习需要进行的有机整合，但主题与语篇是基础。阅读之中可能整合阅读技能、听说技能、写作技能，可能整合学习策略，但也有可能没有整合语言知识学习，甚至可能没有整合文化比较与探究。有机整合的关键在于：学生学习需要。

就层次而言，英语学科的整合学习也可以分为跨领域的整合（学校与社会等）学习、跨学段（小学、初中、高中、大学）的整合学习、跨学年与学期的整合学习、跨教材的整合学习、跨单元与单元内跨板块与技能和活动的整合学习、跨素养的整合学习，等等。实际教学之中，更多也是更需要我们大力实践的，是基于主题与语篇的跨要素的整合学习，尤其是将语言知识与技能整合到主题与语篇之中的整合学习。

2. 支架式组织策略

任何学习都是从已知到新知的过程，这一过程要求我们合理地搭建梯子帮助学生通过学习从已知到新知，这样学生才能基于有限的课时掌握所学内容。这种为学生的学习搭建梯子的方法就是支架式教学。支架式教学就是先建立情境以使学生容易成功开始学习，然后随着学生逐渐熟练，教师渐次撤除支架，交由学生自主学习的过程。

支架的搭建，要基于学生的最近发展区，也就是学生现有发展水平与即将达到的发展水平之间的发展区域。学生独立解答问题时反映的是他们现有的发展水平，而在教师的指导下或与能力更强的同伴合作下完成问题所体现的，是学生即将达到的发展水平。因此，支架式教学就是利用最近发展区进行教学，这也就意味着支架式教学因为给学习者提供了相应的支持，而使其获得比独立学习更高的发展水平。

支架式英语教学可以使用以下六种教学支架方式：①提供学习模板或范例（modelling）；②桥接新旧知识与认识（bridging）；③基于学生经验背景提供教学内容情境（contextualising）；④帮助学生建构图式（schema building）；⑤通过改写、改编、表演等形式重组课文（re-presenting text）；⑥发展元认知学习策略（developing metacognition）。

支架式教学需要特别注意的是，教师不仅要为学生的学习搭建支架，还要帮助拆除支架，在语言运用中不依赖支架。支架在英语学习中的功能就像婴儿的学步车，在婴儿学步的时候可以帮助婴儿学习走路，一旦婴儿会走路了，婴儿就会不再使用学步车。所以，教师应该注意引导学生在掌握语言之后拆除事先搭建的支架。

支架式教学在教学实践中广泛存在，但需要更加系统、有效地使用。在高中英语的写作教学中，普遍使用的基于范文的写作，本质上就属于支架式教学，不过，什么样的范文适合本班学生、是否需要先分析范文、是否需要进行范文与学生作文的比较分析等，则需要教师基于学生的需求更加有效地运用。

支架式组织策略告诉我们，高中英语教学内容的组织不能单纯考虑教学内容、教学目标本身，更要充分考虑学生已有语言能力，要在学生现有水平基础上设计支架。支架的密度也是需要考虑的，不能过多、过密，也不能过少、过疏。

（三）高中英语教学活动组织策略

教学活动是教学的抓手，教学目标需要通过教学活动实现。高中英语教学活动的组织策略就是选择教学活动，按照促进教学目标实现的顺序安排活动，在需要时为主要活动辅之以相应的活动的策略。需要特别注意的是，活动组织策略不是组织学生开展、实施活动的策略，对学生的组织策略属于教学管理策略，我们会在之后加以介绍。

1. 认知驱动的活动组织策略

学生的学习是一种认知发展活动，学习过程也就是认知发展的过程。以认知发展为基础，驱动整个学习活动的开展过程，既符合认知规律，也符合学习规律。认知驱动的活动，可以按照学习前的认知准备、学习中的认知发展、学习后的认知巩固强化进行组织。

在认知发展过程中，学习前阶段是学生的认知准备阶段，通过教师的教学准备（教学分析、教学设计等）、学生自我准备（课前微课的学习、学习活动所需资源与材料的准备等）、课堂上的复习预热准备等。这一阶段包括课堂教学之前的一切准备活动，也包括课堂教学中开始学习新的语言内容之前的导入、启动、复习、激活等活动。这一阶段对学生新的认知发展所需基础的准备是否到位，决定着随后的学习中的认知发展能否顺利进行。

学习中的活动是认知发展活动，学生学习新语言，形成语言能力发展，同时形成文化意识、思维品质、学习能力的发展，从而实现认知发展目标。这一环节一般在课堂内进行，但也可以是学生在课堂之外的自我学习活动。在这一阶段，教师进行知识呈现、讲解，引导学生进行训练，学生通过学习掌握语言内容，形成运用能力。

认知发展不是一蹴而就的，需要学习后的巩固强化，从而形成稳定的认知能力。这一阶段是学习新语言之后的巩固、运用阶段，它应该是课堂之外的运用活动阶段，因为课堂内的活动本质上都属于学习阶段的活动，即使是课堂内的运用活动也是促进学习的运用活动。

2. 任务驱动的活动组织策略

课堂学习活动对学生而言是来自外在世界的任务，所以，任务本身具有一定的外在性，这使得任务不同于认知发展。任务驱动的活动过程可以使学生围绕完成某一既定任务而学习，从而使学习效率更高。

　　任务驱动的活动过程是一种以具体的学习活动作为学习动力，以完成任务的过程为学习过程，以展示任务成果的方式来体现教学效果的教学过程。因此，任务教学过程强调引导学习者完成真实的学习任务积极参与学习过程的重要性，倡导以语言运用能力为目的。鉴于目前我国外语教学在学习方式、时间限制、生师比例等方面的特点，对于处于基础阶段的学习者来说，切实可行的任务教学的课堂教学程序是任务的设计、任务的准备、任务的呈现、任务的开展、任务的评价五个阶段。

　　在任务设计阶段，教师应首先确定学习任务必须是有意义的，必须有真实的语境和真实的交际目的。同时，学习任务的设计应该具有一定的层次性，既包括简单的对话练习，也包括类似引导学习者根据听力理解完成图表内容这样较复杂的任务活动。我们知道，兴趣是学习行为的驱动力，可以转化为学习动机，而动机的强弱与学习者参与学习活动的强度成正比。参与任务的兴趣只有转化为参与动机，才能变成实际的来自心理的参与力。因此，学习任务必须能够引起学习者的兴趣。

　　任务准备阶段是指在学习者学习新语言之后，运用所学新语言完成任务之前，教师向学习者介绍完成学习任务所需要掌握的语用知识，强调语言表达过程中的正确性（Accuracy）和得体性（Appropriateness），目的是为接下来的任务完成做好准备。从教师角度来说，语言使用呈现的关键就是促使学习者理解完成学习任务所需要的语用要素。要做到这一点，教师自己必须把握好教学内容的语用内涵，并根据任务的需要加以准备。

　　在教学实施过程中，语言运用的呈现通常跟在语言学习之后，以引导学习者发现、教师提示、教师讲解或师生合作归纳等方式进行。尤其是那些难以把握或学习者自身难以察觉的语用内涵，教师要采用详细讲解、生动演绎的方式进行，以便学习者准确把握相关的语用内涵。

　　在开展学习任务的过程中，教师应认识到任务的教学目的与任务的结果并不相同，认识到这一点对于开展真实运用任务和真实学习任务都是至关重要的。从学习者角度看，不论是一个真实运用任务还是一个真实学习任务，完成任务的目的就是达成任务的结果。但从教师角度看，更重要的是任务的完成是否达成教学目的，也就是说，真实运用任务的完成是为了引导学习者接受语言意义和／或运用所学语言功能，而真实学习任务的完成是引导学习者掌握某一（些）语言形式指向现实世界语言运用的有关知识、技能，以培养学习者在现实世界中运用语言的能力。

　　在任务评价阶段，教师通过观察、访谈、日志、讨论、问卷等方面，引导学习者对学习过程加以反思，即对任务完成过程进行有意识的反思。例如，对照任务的目的反思任务的完成情况如何、关注学习者对所出现的语言形式是否掌握等。

以任务阅读教学为例，教师在借鉴和吸收任务教学的基本理念和方法的基础上，强调阅读目的、阅读活动的真实性，培养学习者的阅读兴趣，学习者通过完成真实的阅读学习任务提高阅读理解能力。教师根据阅读材料布置阅读任务，引导学习者借助网络、图书馆等信息渠道获得相关的背景知识，以多种形式展示阅读任务完成情况，如角色扮演、海报、张贴画、手抄报、图表、专题报道，等等。教师结合任务完成的情况，一方面进行词汇、句法方面的专项训练，以巩固语言知识；另一方面，还要引导学习者反思自己在任务完成过程中所使用的学习策略，结合学习者的具体策略使用情况，进行必要的学习策略讲解和策略培训。

3. 兴趣驱动的活动组织策略

对于高中生的英语学习，兴趣是高中生最大的学习优势因素之一（对一些高中生而言，升学可能是比兴趣影响更大的学习优势）。在基于兴趣的学习过程中，学生的学习焦虑低、成效高。所以，我们可以基于学生的兴趣组织活动的开展。

我们首先应采用问卷、观察等方法，调查发现学生的真实兴趣，然后基于学生兴趣，设计符合学生兴趣的课堂学习活动，或者让学生按自己的真实兴趣组成不同的兴趣小组，开展兴趣小组学习。

由于英语学习年限较长，可能一部分高中生已经失去了对英语学习的兴趣，或者兴趣降低。我们需要采取"把已有兴趣英语化"的方法，也就是基于学生已有兴趣（如篮球）开展英语活动（如播报篮球新闻、阅读篮球名人故事等），然后逐步将学生兴趣迁移到英语学习上。

兴趣的呵护、强化需要时间，而高中英语课堂学习时间有限，需要大量的课外活动。所以，兴趣活动必须延伸在课外活动之中。

我国高中生的英语学习是在英语作为外语环境下进行的，往往缺少真实的语言环境，而且还存在英语学习时间不足的问题。因此，课外的语言学习活动，如与英语母语者交谈、看英语电影与电视节目、阅读英文文学作品、用英语写电子邮件等，是实现英语教学目标不可或缺的补充性教学活动。通过组织丰富多彩的课外活动，学习者更加理解所学的语言知识和技能，并自觉地将所学知识和技能加以应用，培养自身的英语交际能力。

教师应在组织课外活动的过程中起引导的作用，例如，教师向学生推荐供课外阅读的英语短文。教师在课外活动组织过程中不可干预过多，否则就有可能减弱学习者的积极性。

课外活动组织分为大型的课外活动和小型的课外活动。戏剧表演是可以定期开展的大型的课外活动之一，用来巩固和评价所学语言知识和技能。这类具有创造性特点的课外活动非常有利于发挥学生的主观能动性，同时还能促进学生之间的团结与合作。开展英语歌曲比赛、英语故事会、英语角，办英语报刊或手抄报等带有综合性特点的实践活动也属于大型的课外活动，为学生运用所学语言知识和技能提供了很好的机会，学习者相互合作，有利于培养学习者的集体荣誉感。

开展这类大型的带有综合性特点的实践项目都应该有一个主题、明确的活动步骤方案、相应的图示和文字说明。由于开展这些活动的目的是巩固已学知识和已经形成的语言技能，因而，这类活动应定期开展，而且安排时间也要适当，通常安排在期中、期末进行，也可以安排在学习者专门举办的英语节、艺术节等活动期间。而且，参与者是否使用英语是对学习者的表现或作品的重要评价标准之一。

经常性的课外活动应该属于小型活动，通常是学习者一个人或一组开展的活动。例如，教师引导学习者参与自己喜爱的游戏开展英语学习活动，能够大大激发学习者学习英语的兴趣；经常采用讲故事的方式呈现或练习所学语言知识，能够非常明显地提高学习效果；学习者用英语写日记，有条件的可以建立自己的英语博客；学唱英语歌曲和歌谣是练习所学的内容，如语法结构、语音规则、词汇和句子韵律的有效方式，从而达到提高学习者使用语言的流利程度，并增强学习者对所学内容记忆的效果。

这些课外活动的设计、组织、评价，都需要基于学生的真实兴趣进行设计、组织。

二、高中英语教学传递策略设计

（一）接触策略

语言接触指在语言学习过程中，学习者接触作为学习目标的语言内容的过程。它是语言学习的重要条件和前提。因此，教师应特别注重研究和利用心理学的基本原理，设计学生接触语言的活动，以促进学习者掌握语言。

1. 语言接触的有效策略

语言接触首先接触的是语言内容。学生所接触的语言内容的广度、深度与时间频度，决定着语言接触的成效。

学生接触的语言内容的广度直接影响学生语言接触活动的成效，因为语言本身具有使用的无限可能，学生接触的越广，越有助于学生在自己所需语境运用所学英语。以字母 A 为例，学生很早就学习了英语字母表中的字母 A，但他们可能并不能正确读出扑克牌中 A，因为扑克牌中的 A 是 Ace 的缩略形式，正如扑克牌中 K 是 King 的缩略形式、Q 是 Queen 的缩略形式、J 是 Jack 的缩略形式一样。

这种接触的广度，也有助于发展学生的文化意识（如英语书写的特点与审美特征）、思维品质（如外在形式的差异与本质的相同等）、学习能力（选择自己喜欢的字母书写形式抄写字母，更有助于自己记住字母书写等）。

需要特别说明的是，若只是让学生接触教材，显然不能形成有效的英语语言接触，出于各种原因，我国高中英语教材容量有限，无法呈现丰富的语言内容。所以，《普通高中英语课程标准》要求学生有足够量的课外阅读，通过课外阅读形成更为丰富的语言接触。

语言内容的深度也影响着语言接触的成效，因为只有深度地理解，学生才能真正把握英语语言的特质，以及所学内容的语用内涵等要素。

课文是形成语言深度接触的最有效内容，因为课文大多是经过认真编写的语言材料，而且学生需要花一定时间学习课文，从而形成深度的语言接触。

时间频度是促进有效接触的关键。我国学生英语课堂之外接触英语时间少，而英语学习本身需要足够的时间，所以我们要设计足够时间频度的接触活动。我们可以设计每天的校园英语广播，在校园里设计英语标语，每天坚持英语阅读，每周定期开展英语课间活动等，同时在内容上进行必要的设计，让同一内容在一定时间经常出现，让学生经常地接触到所学英语，从而形成有效接触。

2. 语言接触活动设计

语言接触活动的设计应符合语言学习的基本规律，这样才能保证学生在接触英语时所接触的是可理解的，而且有助于接触之后吸收和产出。

听、说、读、写是人类使用语言开展交际活动所需要的主要技能，同时也是人类认识世界、获取知识、发展自身能力、相互交流情感必不可少的重要途径。从英语教学角度来看，培养学习者听、说、读、写英语的能力成为英语教学的主要目标，而且，以上各种技能必须全面发展，不可偏废。事实上，作为言语交际活动的方式，听、说、读、写各项仅能相互联系、相互依存。但是，听、说、读、写各种言语活动也有它们各自的特点，教师应结合教学实践设计相应的语言接触活动，提高教学的针对性。

（1）基于听的语言接触活动设计

听不仅是接收和理解声音符号信息，更是积极思考、重组语言信息、创造性的理解和吸收信息的心理语言过程，涉及学习者的认知、情感因素，如学习者感知语音、辨别词汇、句法、句意的能力等。因此，设计让学生接触的听的活动时，应注意以下方面：①听力材料的真实性。真实性指听力材料的语言要力求真实、自然、地道，反映出英语母语者使用语言的习惯，具有真实交际意义。②听力材料的可理解性。可理解性指听力材料作为语言输入在难度上以学习者现有的知识结构为基础，但又稍微高出现有能力的特点。③听力材料的多样性。多样化指听力材料的题材和体裁多样化，目的是促使学习者接触丰富多彩的语言，尤其是英语在不同交际场景中的使用。为了扩大语言输入量，教师应结合教材内容，为学习者补充适当的辅助听力材料。④学习者的语言知识、背景知识水平。教师应意识到语言知识是听力理解的基础，听者必须具备一定的语音、词汇、语法知识。同时，学习者还要对听力材料中涉及的人物、场景、文化背景、风俗习惯、生活方式、价值观等方面的背景知识有所了解。⑤学习者的情感状态。学习者的学习动机、自信心、焦虑等情感因素直接影响听力理解水平，教师应帮助学习者充满自信，以轻松、愉快的心理去听，保持思维的活跃，提高听力效果。

（2）基于读的语言接触活动设计

读是人类书面交际活动的基本方式，即通过视觉感知语言符号获取书面信息的行为，更是从视觉感知语言符号到完全理解书面材料的意义的过程，也是与语言知识、文化背景知识、个人经验等相联系的认知加工过程。时代的发展，尤其是计算机技术的广泛应用，大大促进了信息的交流，英语阅读愈加凸显出其交际活动的本质特点。因此，在设计让学生接触的读的活动时，应注意以下方面：

①阅读材料的真实性

真实的阅读材料往往为本族语者所用，如英文报纸、电视、电影中的英语使用材料等，非真实的阅读材料指专门为学习外语的人设计的，特别考虑了词汇和语法知识等（如精读材料）。介于两者之间的阅读材料尤其适合外语环境下的学习者，这类材料既兼顾真实性，又考虑到学习者的语言水平，非常有助于提高语言水平和语言技能，为今后阅读理解真实的材料做好充分准备。

②阅读材料的可理解性

阅读材料的可理解性指语言信息输入稍稍高于学习者目前知识水平，旨在传递语言负载的信息，帮助学习者获得交际性阅读技能。真实性与可理解性并非完全对应：真实的材料未必可理解，可理解的材料未必真实。尤其对应初学者来说，材料既应真实，又要具有可理解性，才能有效提高学习者的阅读技能。

③阅读材料题材的广泛性、知识性和趣味性

阅读材料的题材应广泛，文章内容包括不同的知识范畴和文化背景，教师引导学习者了解和掌握不同体裁、题材的作品。同时，阅读材料内容应新颖、有趣，以激发学习者的学习兴趣，提高学习动机，调动他们积极的思维活动。

④学习者的语言水平

阅读过程始于视觉感知语言符号，学习者必须掌握一定的语音、词汇、语法等语言结构知识。学习者的背景知识和个人经验构成了"认知图式"，图示知识与语言结构知识共同形成了学习者理解所读内容的前提条件。

⑤学习者的情感状态

兴趣是影响学习者阅读能力的重要因素之一，学习者的阅读兴趣愈高，其阅读量愈大，阅读面愈广。为了培养学习者的内在阅读兴趣，阅读材料的选择必须难度适当，力求知识性与趣味性的统一，以帮助学习者在提高语言知识的同时，充分享受到阅读带来的愉悦。

（二）吸收策略

外语学习过程中语言接触与语言吸收有着本质区别，语言吸收是指学习者在接触作为学习目标的语言内容后摄入目标内容的活动过程。作为接触的语言，如果语速过快或呈现速度过快，或者因为难度过大，学习者不能理解全部的语言，那些无法理解的语言就不能帮助学生吸收语言。常见的促进语言吸收的有效策略有易上手支架、深刻印象、有效训练、适度负荷等。

语言的吸收需要有学生容易上手的支架，让学生在吸收一开始就能顺利吸收所学内容，这种支架的作用就相当于我们喝饮料的吸管。易上手支架英语基于学生的现有水平设计，而且应符合学生认知与生理特征。高中生的英语语言吸收活动的易上手支架，还需要考虑到学习内容的容量，学习内容不能超出学生的吸收能力。

我们对事物的深刻印象有助于理解、记忆，语言吸收也是如此，让学生对所学语言形成深刻印象，尤其是长期深刻影响，非常有助于学生吸收所学语言。形成深刻印象的活动主要有有趣的内容、获得突破（如第一次开展，游戏积分达到 10 000 分等）的活动、非常有意义的奖励，等等。

开展有效训练是形成语言吸收的最常见策略。有效训练是基于学生语言基础、语言学习机制、语言内容、活动形式等的综合设计。促进语言吸收的训练活动的有效性，因学生和内容不同而不同。我们可以通过积累，发现对我们学生有效的训练活动，在教学设计中加以使用。

有效的语言吸收活动还需要有适度的负荷，认知负荷、心理负荷、学习焦虑等都应适度，不能超过学生可以承载的有效负荷，而且应根据需要适当调整负荷强度。对于较难的语言内容，我们可以调整负荷，或者分解教学内容、教学目标等。

（三）产出策略

如果说，语言接触是指学习者听到或阅读到的并能作为其学习目标的语言信息，那么据此类推，语言产出就是指学习者产生语言成果的过程，包括语言知识的输出和语言技能的产出，也包括文化意识、思维品质等相关要素的产出。促进学生运用所学语言形成语言成果的常见策略有可完成、目标聚焦、源于生活、善用策略等。语言运用的成果是学生完成运用所学语言的成果，这说明这一任务是可完成的，若任务无法完成，就无法产出语言运用成果。所以，可完成是促进学生产出语言成果的关键性基础。

1. 基于说的语言产出活动设计

说的能力是人类言语交际活动的基本形式。说话者借助已有的语言知识和规则创造性地运用语言，是大脑积极思维的过程。教师应借助一系列的教学活动实现语言规则的内在化，避免从母语到英语的"心译"过程，直接流利地表达思想和情感。因此，在设计作为语言产出活动的说的活动时，应注意以下方面：

（1）先听后说

根据理解先于表达的人类认知特点，教师在展示说的能力时，要本着先听后说的原则，一是要针对语音或规则知识点，教师在展示过程中要求学习者听清听准，然后再口头模仿。二是要重视语言理解，教师在展示过程中促使学习者接触大量语言信息，并逐步实现语言规则的内在化，积极吸收和扩充语言知识，培养语感。

（2）口语活动的多样化

在英语教学中，学习者从学会发音、模仿，到在交际场景中运用语言连贯地表达思想是一个漫长的过程，口语活动应多样化，如模仿、简单的问题回答、机械操练、意义操练、交际活动、小组活动、角色扮演、解决问题、自由表达，等等。

（3）学习者的语言水平

口语活动的展示应考虑到学习者的语言水平，如语言能力和语用能力。语言能力是口语表达的前提，正确的语音语调、一定量的词汇和语法知识都是培养学习者口语表达能力的基础。在口语交际过程中，学习者应具备一定的语用能力，即根据具体交际场景和上下文，调动已有的文化背景知识和个人体验，得体地使用语言，实现交际目的。

（4）学习者的情感状态

焦虑是影响学习者口语表达的主要干扰因素，但适度焦虑可以促进学习。教师在展示说的能力时，应尽力创设交际情境，鼓励学习者大胆表达，促使学习者以自信、积极的心态参与学习活动。

高中英语是英语学习起始阶段的学习，学生运用英语的能力尚存在诸多不足，我们设计的任务应在他们可完成的范围之内，这样才能真正形成产出。

2. 基于写的语言产出活动设计

作为人类日常交际中的一种表达性技能，写是将思想转变成语言文字符号的过程。在英语教学中，不同的学习阶段对写有不同的要求，起始阶段的写作活动是为高级阶段的交际性的写作奠定基础，促使学习者最终能够使用英语自由地表达思想。因此，写作既是英语教学的目的，又是英语教学的重要表达手段。在设计作为语言产出活动的写的活动时，应注意以下方面：

（1）写与听说读技能的结合

由于语言的交际性，任何一项语言技能的培养都不可能是孤立的，只不过是在单项训练时有所侧重而已。写的能力应与听、说、读能力呈现相结合，例如，听写既有助于提高学习者写的准确性，又能检验理解的正确程度。又如，学习者对学习内容的仿写、改写、写出摘要等活动都是在阅读基础上完成的，如果让学习者先说再仿写、改写，既减少了口语表达的错误，又降低了写的难度。

（2）学习者的语言水平

写的技能培养受到学习者语言水平的限制，如语言能力、语用能力。书面语比口语更正式、更复杂，要求表达上的精确程度较高，学习者应掌握丰富的词汇，能够准确、恰当地表达思想，而且学习者还要学会运用不同的语言形式表达特定的意义。同时，学习者还应考虑到读者所处的文化和背景，恰如其分地传递信息。

（3）写作活动的多样性

写的活动应根据学习者的语言水平采取多种多样的方式：书写、抄写、听写、段落仿写或改写、句子或段落扩写、看图写作、按照提示写作、课文缩写、文章改写、自由的即兴表达。

（4）激发学习者的写作动机

教师应尽可能地结合学习者的生活实际和思想感情，为学习者创设问题情境，挖掘交际题材，捕捉学习者的兴趣热点，促使学习者产生表达的愿望，使他们有话可说，有情要抒。

3. 任务活动设计

任务教学倡导通过教师的充分指导促进学习者积极地投入知识的心理建构过程，在促进新旧知识相互联系的同时，引导学习者产生主动学习的心理倾向。因此，作为语言产出活动的任务活动应包括以下方面：

（1）有利于学习者先前知识的激活

学习者借助于教师的充分引导将新信息与先前知识整合成更高层次的知识结构，例如，教师提供一些核心概念，以语义联系的方式激活学习者原有知识，作为接收新信息的基本框架；或以提供典型范例的方式使抽象的讲解变得具体、形象，更有利于学习者的理解。

（2）指向综合语言运用能力

语言教学中的任务核心是发展语言运用能力，所以，任务的设计必须基于综合性的语言活动，发展学生的语言运用能力，同样的新信息可以通过多种感觉通道展示给学习者。例如，阅读材料的展示既可以通过视觉的形式，也可以通过听觉的形式，也就是说，既涉及读的技能，又涉及听的技能。但是，如果多种感觉通道提供的信息量超过一定的冗余度，或两种感觉通道呈现的信息完全无关且信息量过大时，学习者则难以接纳，从而降低了教学效果。例如，教师留出一定的时间让学习者阅读和理解教材或黑板上的与学习任务有关的内容，如果此时教师还在滔滔不绝地讲解，反而会使学习者无所适从。

（3）任务难度适中

任务形式非常丰富，不仅听说读写这些技能在生活中的运用可以成为真实生活的运用任务活动，任何语言知识的学习也可以成为语言学习任务，因为对于学生而言，学习本身也可以成为任务，尤其是语言学习之后的展示、表演活动。教师在呈现学习任务时应确保任务难度适中，因为学习者对过难的学习任务常常会望而却步，太容易的学习任务又难以引发其学习的兴趣。在任务设计中要安排适度的不确定性，以引发学习者进一步探寻的兴趣。

（4）引起学习者的注意

所呈现的内容应为与学习者新近体验到的不同的内容，但呈现方式和内容应简洁明了，避免杂乱、无关的信息分散学习者的注意力。例如，在使用多媒体手段呈现信息时，删除无关的背景信息及不必要的细节内容，以突出重点。

（5）激发学习者的动机

如果任务难度适中，呈现方式灵活且富有趣味性，学习者更有可能产生对学习的兴趣，从而产生积极的、愉快的学习欲望。例如，教师通过布置课前学习任务对学习者的期望施加影响。

任务的可完成特性可以通过语言示例进行规范。一个任务可以运用很复杂的语言完成，但也可以只是运用示例所展示的语言完成，通过语言示例，可帮助学生学习运用所学语言产出语言成果。

教学是有目的的活动，在教学活动中聚焦目标语言有助于促进学生运用所学语言产出语言成果。无论是课外，还是课堂活动，语言可能都非常丰富，而学生真正需要掌握、能够运用的可能只是其中一部分，因为其他语言是语境语言、活动组织语言等。所以，教学中须引导学生聚焦学习目标，学生可以由此形成语言能力。

在我国，考试是非常重要的目标，所以适度聚焦考试目标，也是必要的。但是，我们反对完全指向考试目标的学习，反对"为考而学、为考而教"的现象，因为考试并非学生学习的全部目标，更不是根本目标，学生的发展才是根本目标。

源于学生自己生活的语言活动有助于学生运用所学语言产出语言成果，因为他们对自己的生活活动非常了解，没有认知负担，而且具有亲切感，甚至可能非常喜欢。我们要善于发现、总结源于学生生活的活动，让学生运用所学英语进行产出。

高中生的英语语言运用能力还存在很多不足，善用策略有助于他们产出语言成果。策略能力的培养不仅仅依靠教师对策略内容和使用的直接讲解，策略能力的培养完全可以渗透到各项语言技能培养中去。以听力策略培养为例，在听力练习中，教师引导学习者采用相关的学习策略提高听力效果，采用的策略包括：寻找关键词和非言语线索；根据听到的语境信息判断交际者的目的，以此将语言信息与学习者作为听者的认知结构相互联系，激活大脑中的图式；根据上下文猜测生词或漏听部分的意义；领会要点和主题，将注意力集中在语言所表达的内容上，而不是语言的形式上。

经过一段时间的策略运用训练，学习者对策略有了初步认识和了解，并且借助相关材料的运用练习，提高自我监控和自我反思能力，不断评估自己的策略使用情况，并做出适当调整，这实质上是在培养学习者的自主学习能力，教会学习者如何学习。随着策略意识的不断增强，学习者逐步将课内掌握的策略延伸至课外学习活动中，自觉地运用相关策略从事言语交际活动。

第四节　英语教学过程设计

一、导入设计

导入是教师在一堂课开始时用简洁的语言或辅助动作来激发学生的思维兴趣进行课前的心理准备和知识准备。富有启发性的导入语可以引起学生对新知识新内容的热烈探求，进而将注意力拉入教学过程中来。

导入活动须遵循以下基本原则：针对性，运用的材料要紧扣课堂教学内容；关联性，内容要与学习的新知识紧密相关，过渡自然；趣味性，导入的方式要形式多样，符合学生兴趣；简明性，该环节不宜花费太多时间，力求简洁明了。

关于如何开展有效的课堂导入，众说纷纭。从学生的接受程度这一角度出发，导入可以分为直接性导入和间接性导入两大类。通过展示实物、声音、图片等须调动学生感官直接获取信息的称之为直观式导入，也就是直接性导入。间接性导入就可分为提问式导入和情境式导入。直观式导入主要指的教师通过图片、歌曲、影片和实物等媒介直接将学生引入教学内容中去。在间接性导入中，提问式导入主要目的是启发学生，可以是简单的问答，也可以是有悬念的提问，甚至是现场采访或调查等形式。而情境式导入主要是把学生指引到与授课内容有关的特定情境中去，形式会更为多样化，如游戏、活动、任务等。

二、呈现设计

呈现是教师向学生展示课堂任务或活动要求和语言知识的阶段。其目的一方面是让学生了解课堂任务或活动的规则和要求，一方面是要求学生掌握特定的语言材料。教师要充当好讲解员和示范者的角色，便于学生快速准确地把握有效信息。

呈现活动需要遵循以下基本原则：简洁易懂，表述方式要简明扼要，通俗易懂；重难点突出，不可面面俱到，要分清主次；直观形象，呈现方式生动形象，易于学生接受；趣味性强，教师的语言和行为稍显活泼幽默，具有亲和力。

呈现的方法要因呈现的内容而异。如在第三节中提到的活动式教学和任务课堂教学模式中的呈现就需要呈现出活动或任务的要求和相关的语言知识。而传统的呈现主要是新知识的呈现。呈现的方法可分为规则呈现和知识呈现两大类，然后再具体细分。

三、讲授设计

教师的职责之一就是授业，讲授是教学的基本形式。教师可以通过口头语言直接向学生讲授英语语言知识、解释英语技能，也可以通过解读文本、讲授活动方式等，发展学生的文化意识、思维品质、学习能力。讲授时，教师主动地教学生则采用接受性学习的方式，理解教师的讲授。讲授应做到系统规范，条理性强；深入浅出，趣味性强；科学严谨，专业性强；精讲多练，实践性强。根据讲授内容的特性，具体的讲授方法可分为讲述法、讲解法、讲读法和讲演法。

讲述法是教师用生动形象的语言向学生描述或叙述具体的形象、特征和发展过程的教学方法。一般包括描述和叙述两种方式，前者语言生动形象，富有感染力；后者语言简洁明了，结构严谨。

讲解法是教师用理性的语言向学生阐明概念、原理、法则等。重在讲理不是讲事，着重发展学生的抽象思维能力。这一方式主要针对的是逻辑性、结构性偏强的知识，如语法知识。教师突出重点，思路清楚，并注重培养学生的思维品质。

讲读法是教师或学生以朗读方式表述知识内容或其他教学材料的方法。这种方式主要用于语文和外语教学，常见于生词、短文对话的学习中。其中，教师读的目的在于引导示范和引起学生的注意力。学生读的目的是强化记忆、情感体验、纠正发音等。

讲演法是以教师的学说或报告的形式在较长的时间里系统地讲授教材内容，条分缕析，广征博引，科学论证，从而得出科学结论的一种讲授方式。

四、巩固设计

巩固是教师引导学生对所学知识和技能进行强化记忆和加深理解的方法。正所谓"温故而知新"，任何一门学科的知识和技能都需要巩固强化，提高学习效率，促进知识转化为能力，便于更好地运用到实践中去。

巩固活动的设计需要遵循以下原则：强化记忆，通过背诵、重复、朗读等方式加深对概念性知识的记忆；加深理解，启发学生观察、分析、比较、总结和归纳出语言规则，将其内化；注重效率，让学生在短时间内掌握既定的知识要点；形式多样，突出学习内容的趣味性，提高学生的积极性。

学生在讲授环节可能学习的是语言知识，也可能是语言技能。前者包括词汇、句型等语法点；后者包括听力技巧、写作技巧等技术性内容。根据教学内容的类型，巩固的方法可以分为短时记忆法、演绎引申法、习题强化法。

短时记忆法的目的在于让学生在短时间内对语言知识进行强化记忆。这种方式主要用于词汇和语法点的学习，不是"死记硬背"，而是运用科学合理的记忆方法对学习内容进行理解性记忆。

演绎引申法的目的是让学生从教师讲授的要点中去发现规律，进行演绎，举一反三。这种方法适用于概念、定义、技能要领等抽象性的知识。教师鼓励学生自主学习，主动探究知识点之间的关联性，总结出语言规则。

习题强化法的目的在于让学生通过习题巩固学习内容。教师根据特定的教学内容设置针对性强的习题，让学生独立或合作的形式完成，及时发现问题，解决问题。做到有的放矢，查漏补缺。

五、实践设计

实践是学生在真实语境中运用所学语言知识的阶段。这一步骤的目的在于让学生通过接触、体验和理解真实的语言环境，进而强化语言知识和技能。教师要尽可能地创造真实语境，鼓励学生通过体验、参与、合作和探究等方式，去巩固语言知识和技能，从而发展自主学习能力。英语实践大多以活动或任务为载体，以话题为主题，利用各种教学资源，采用听、做、说、唱、玩、演的方式，为学生提供充分的语言实践机会，重点培养学生英语综合运用能力。

实践活动的设计须遵循以下原则：以学生为中心，发挥学生的积极能动性，培养自主、合作学习的能力；语境真实，让学生自然地融入特定的情境中，去体验、感知和理解语境；活动具有可操作性，这样可以保障教学步骤顺利进行，提高教学效率；紧扣教学目的，实践活动的主题一定要贴合教学内容。

学生的语言和技能的实践需要依赖于课堂活动。就活动的完成方式可以分为个人实践、两人实践和小组实践。

个人实践的目的是要求学生独自完成教师设置的任务。这样可以锻炼学生的自主学习能力。大多数的实践活动采用此方式，如听力练习、写作练习、演讲等。

两人实践的目的是让学生两两组合共同完成学习任务。这一形式适用于采访、对话等实践活动，有助于培养学生的语言交际能力。

小组实践的目的是让学生以团体(4到6人)的形式完成实践活动。这一方式一般用于难度较大或程序较复杂的任务，如情景剧、辩论等。

六、复习设计

复习是师生共同就所学知识和技能进行回顾、总结归纳的环节。它是每一堂课的尾声，目的在于让学生对教学内容的重难点进行概括，加深印象，巩固知识。教师鼓励学生站在一定的高度来审视学习内容和过程，从中查漏补缺，最后形成系统性的知识框架。

复习活动设计须遵循以下原则：系统性，将所学知识系统整理归类，便于学生发现知识系统的关联性，形成系统化的知识结构；完整性，全面地概括总结所学内容，但须做到主次分明，突出重难点；灵活性，复习方式因最后教学时长而灵活运用，切忌千篇一律；拓展性，启发学生发现语言规律，学会举一反三，触类旁通，培养自学能力。

虽说是整个教学过程的最后一个环节，但方式的采纳仍须慎重。从参与者的程度来看，复习环节的方法可以分为以教师为中心、以学生为中心、师生互动三大类。

以教师为中心指的是在复习环节以教师引导学生为主，这种方式一般会在最后课堂时间有限的情况下使用，也是常见的一种模式。教师以板书或多媒体等手段为学生呈现整堂课的教学内容框架，带领学生从头到尾回顾所学知识或技能。其中，一定要做到重难点突出，有条理性，让所学内容结构化和系统化。

以学生为中心指的是在复习环节主要以学生主动参与为主，这一方法的目的是培养学生整理、概括和归纳的能力。一般先让若干个学生概括出本堂课的教学内容，其他学生可以补充，然后教师对大家的复习总结进行补充，并作适当的评价。也可以采用竞答的形式，激发学生的热情，加深对所学知识和技能的巩固。这种方式的优势是可以提高学生的自主学习能力。

师生互动应让学生成为学习的真正主人，创设以学生为主体的复习课堂，激发学生的复习兴趣，让复习课成为"崭新课堂"、"开心课堂"、"高效课堂" 复习课是一种必不可少的课堂教学模式，能帮助学生对所学基础知识、基本技能进行梳理和沟通，理出良好的认知结构，从而加深理解、增强记忆，并培养学生思维的整体性，使不同层次的学生各有收益。

第三章　新课标背景下高中英语教学技能

第一节　基于英语技能教学的课外教学

一、课外教学概述

（一）课外教学的意义

英语课外教学是课堂教学的延伸与补充，是整个教学体系的重要组成部分。概括来说，英语课外教学的意义主要体现在以下五个方面：

1. 有利于提高学生的整体素质

学生在课堂教学中学习到的知识往往十分有限，这不利于学生提高整体素质，而课外教学可以弥补这一缺点。学生通过参加各种形式的课外活动，可以获取丰富的知识。学生在课堂上所学的知识能得到巩固与拓展。同时通过语言的具体运用，学生可以更好地理解知识、掌握相关的技能，为整体素质的提高做准备。

除此之外，有些课外活动有利于加强学科与学科之间的联系，有利于学生知识面的扩大。例如，学生参加课外主持活动，不仅有利于学生提高英语表达能力，锻炼心理素质，还有利于锻炼组织管理能力。由此可见，课外教学活动的开展有利于提升学生的整体素质。

2. 有利于培养学生的自主学习能力

与课堂教学相比，课外练习活动内容更加丰富、形式更加多样，这不仅为学生的英语学习提供了一个良好环境，同时有利于使学生逐渐养成自主学习的习惯。课堂教学一般都比较严肃、紧张，而在课外教学中，学生完全根据自己的意愿或爱好来选择想要参加的活动。在完成活动任务的过程中，学生学习的积极性与主动性都比较高，并且遇到问题或困难时可以主动思考、探索、分析、总结，对其独立解决问题能力的培养起着促进作用。由此不难看出，经常组织课外活动对学生学习兴趣的激发、自主学习能力的培养都大有裨益。

3. 有利于提高学生交际能力

在我国很多高中，英语课程可以说是教学课时最多、时间跨度最大的课程之一。

但是，课堂依然是学生接触英语的主要场所。目前英语教学模式单一，多采用"复习—预习—讲解—巩固作业"的模式；教学方式主要还是"黑板＋教材＋粉笔"，虽然也有一些教师使用现代教学技术，但是改变并不大；教学内容组织缺乏趣味性，这样的教学效果收效甚微，同时不利于激发学生的学习兴趣。

在课堂之外，很多学生都基本不接触英语，不能运用流畅的英语进行日常交际。从客观角度来讲，这一现状对我国外语教学的整体质量与效率的提高非常不利，导致我国的英语教学不能满足社会对英语人才的需求。很多学生的听力能力薄弱，这在很大程度上影响英语学习的效率。这就要求教师为学生扩大英语学习的范围，多给他们提供接触英语的机会。

英语教学模式改革的一个主要体现是"学生个性化学习方法的形成和学生自主学习能力的发展"。实际上，英语学习是在教师的指导下长期、连续学习与练习的过程。仅仅依靠课堂教学是远远不够的，因此应对课外教学给予充分的重视。除了教学计划、教学大纲所规定的教学活动外，教师还应多组织学生开展丰富多彩的课外活动，使学生多接触英语，运用英语进行交流，从而逐渐提高学生的交际能力。

4. 有利于适应新课程改革的要求

基础教育课程改革的逐步深入对英语教师的要求也越来越高。教师应转换教育角色，调整教学策略，组织课外教学活动。课外英语活动丰富多彩，有利于营造良好的语言环境，因此教师应积极开展英语课外活动，尽可能多地使学生接触英语。

在课外活动中，学生可以采取多种方式、充分利用机会来训练与提高自己的语言运用能力，通过切身体验、感知、实践、参与以及交流逐渐形成语感。同时，学生在教师的指导下，采用探究性学习模式达到学习目的，获得成就感。学生通过真实的、丰富多样的课外活动，可以接触到与学生学习、生活息息相关的信息资源；学生参与意识逐渐提升，交流方式不再局限于课内活动的单、双向交流，而逐渐转为多向交流的方式。在课外活动中，学生可以独立自主地发展，不受教师倾向或教材范围的制约。

5. 有利于培养学生良好的文化价值观

文化价值观涉及两方面的内容，即人文精神与科学精神。一个社会的规范、风俗、价值、意义等均可以通过文化价值观体现出来。

经常组织各种形式的英语课外活动，使学生置身于具体的语言情境中，在语言训练的同时，感受其中所蕴含的文化，从而提升学生的文化品位、人文素养以及审美情趣，使学生逐渐形成良好的文化价值观，其中包括人文精神中的思想道德素质方面的有关个人、社会、国家与世界的价值标准。

（二）课外教学的原则

为提高教学的有效性，教师在开展英语课外教学的过程中，必须遵循以下教学原则：

1. 分别组织原则

课外教学应遵循分别组织原则，根据具体情况分别组织不同的活动。

英语课外活动通常有三种类型：个人活动、小组活动以及大型集体活动。其中，最常见的是小组活动。教师应结合学生的英语水平、个人兴趣将其分为不同的小组，如会话小组、表演小组、戏剧小组等，以调动学生学习的积极性，使学生的个人才华得以发挥。

个人、小组以及大型集体活动相互影响，相互作用。个人活动的质量决定着小组活动的效果，而小组活动的质量又决定着大型集体活动的效果。教师在组织英语课外活动时，应合理安排这三类活动形式，在个人活动基础上开展小组活动，在小组活动基础上开展大型集体活动，三者相互配合，最终提高课外教学的效果。

2. 及时总结原则

总结对课外教学必不可少。无论是哪种活动形式，在活动结束之后，教师都要及时进行分析与总结，发现所取得的进步与问题，找出问题的原因，为以后课外活动的开展做好准备。总结的形式应依据具体活动而定。

3. 与课堂教学紧密配合原则

课堂教学是外语教学的基本组织形式。课堂教学的主要任务是传授外语知识，培养外语技能。课外教学是课堂教学的延伸与补充，无论采取哪种课外活动形式，其目的都是将英语作为交际工具来掌握，应尽可能配合课堂教学的内容，从而进一步提高与发展学生的英语运用能力，巩固课堂教学效果。

课堂教学与课外教学的最终目的都是实现教学大纲目标，二者相辅相成，相互影响。这就要求教师在组织课外教学时，应注重与课堂教学紧密配合，以课堂教学为基础传递新知识，拓宽学生的视野。

4. 以教师为主导原则

在课外教学中，学生的主动精神决定着课外教学的效果。但是，这并不意味着可以忽略教师的主导作用。很多学生都想学好英语，但是他们往往不知道怎么学、学什么，因此教师适当的帮助与指导就十分必要。一些课外活动之所以在组织起来之后最终以"消亡"结束，很大一部分原因是没有及时得到教师的有效指导。由此可见，教师主导对课外教学必不可少。

5. 趣味性原则

根据克拉申在 20 世纪 80 年代初提出的"情感过滤说",在传统的课堂上,由于教学形式、教材、课堂气氛等都存在一定的不足,学生的"情感过滤层"易于升高,并产生紧张焦虑的情绪,这样他们就没有足够多的空间来接受可理解性语言输入。与之不同,课外活动往往是在轻松活泼的环境下展开的,这时学生的"情感过滤层"降低很多,便于对可理解性语言的吸收。可见,保持趣味性对学生的语言学习非常有利。

课外教学应确保活动具有趣味性,具体体现为活动形式多样、内容丰富,富有娱乐性、竞赛性、创造性。教师应努力为学生营造英语学习的氛围,使英语学习渗透到学生的学习、生活、娱乐等多种场合中,增加学生接触英语的机会,在耳濡目染中提高学习效果。

6. 针对性原则

在传统的英语课堂教学中,教学目标、教学大纲、教学计划、教材等均是为全体学生而设计的,学生所学的知识与技能基本相同,难以照顾到学生的智力、能力、性格等个体差异。而英语课外教学通常具有丰富的内容与多种多样的形式,可以弥补课堂教学的缺陷,可以因材施教,针对不同学生的特点,采用不同的活动形式,从而使每个学生的潜能都发挥出来。

7. 思想性原则

思想性原则是课外教学的首要原则。该原则要求课外教学的内容应是正确、健康的,要对学生思想道德品质的培养与精神文化的建设具有促进作用。因此,在组织课外活动的过程中,教师应注意选取具有高度思想性的活动,寓德育于活动中,使学生在学习知识的同时接受思想教育。

8. 渐进性原则

英语学习并非一朝一夕就可以完成的,而是要经历一个漫长的过程。教师应意识到这一点,在组织课外教学活动时,应坚持循序渐进原则,即由易到难先简后繁。

在刚开始组织课外活动时,教师应给学生设置较为简单的活动。随着活动的逐渐开展,可适当增加活动的难度,采用各种不同形式。学生不断克服难度不同的困难,完成各种任务,进而增强自信,获得成就感。如果一开始活动的难度就比较大,学生经常受挫,学习积极性降低,容易产生自卑心理,这显然不利于学生的身心发展。

二、课外教学的策略

(一)英语角

英语角是我国学生非常熟悉的一种课外活动。学生经常参加英语角活动,对其英语运用能力有很大的帮助。英语角适合不同学习水平的学生参加。

英语角活动的时间既可以每周一次，也可以每周两次，根据需要可以自由安排。在英语角活动中，谈论的话题也多种多样，如刚学习的交际用语、观看一部电影之后的感想等都可以用来讨论。

教师应对学生的英语角活动进行不定时的"巡逻"，这样一方面可以给学生提供适时的指导，另一方面能监督学生是否真正用英语进行交流。

（二）英语模拟课堂

模拟课堂活动是给学生提供一个开放的话题，要求学生在课外以小组为单位收集与特定主题有关的资料，这些资料应包含文字、图片、音频、视频，并将收集好的资料进行整合，制作成 PPT，然后每个小组选取一名组员用英语汇报结果，时间为 15 分钟。这一活动不仅可以训练学生的英语运用能力以及搜索、筛选、整合资料的能力，还有利于训练学生的公众演讲能力。

（三）英语广播电台

电台是课堂的一种延伸。英语电台在内容上不受限制，在时间上较为便利，通过每天在固定时间播放英语节目，可以增加学生的听力时间，弥补学生课堂听力时间的不足。因此，教师可组织英语广播电台活动，具体应注意以下三个方面的问题：

1. 合理安排播音时段与内容

由于学生的时间有限，因此教师应认真考虑、选择播放时段与内容。具体而言，教师应注意安排好外语电台的节目、高中自己开办的栏目以及课外听力材料与考试辅导类节目。

2. 合理安排节目播放模式

在制作广播节目时，教师应注意把握广播材料的速度，依据不同年级、不同层次的学生设计不同的广播节目，同时在节目单上注明，提高针对性。同时，教师还要在节目单上注明所需要的教材，这样学生可以做好预习，从而提高收听效果。

3. 结合第二课堂办电台

与日常生活中的节目不同，高中英语电台的目的不仅是丰富学生的娱乐生活，更重要的是培养学生的英语兴趣，提高学生的听力水平。因此，教师应对所播放的英语节目要求学生进行反馈。为了激发学生收听节目的兴趣，教师可结合一些竞赛或沙龙活动来开展电台活动。

英语电台将英语广播与学生的具体情况紧密联系在一起，营造了良好的英语氛围，激发了学生的英语学习兴趣，有利于学生学习英美文化知识，是课堂教学的重要补充。

（四）英语会话

课外教学活动还可以通过组织英语会话的形式来进行。英语会话活动可以每一周或两周开展一次，也可根据实际情况自由安排。需要注意的是，会话情境与场合设计应灵活多样，会话题材应与学生学习与生活密切相关。

英语会话通常采取游戏的形式来进行。由于游戏往往具有比赛性质，因此有利于激发学生的兴趣与竞争意识，促进学生积极思考，提高学生自信。

下面介绍两种常见的英语游戏：

1. 讲故事

这一游戏的具体做法是：参与讲故事的学生围成一个圆圈，每个学生讲一句话，这些话组合起来是一个完整的故事。如果谁所讲的故事与上文没有联系，或使故事中断，或犹豫的时间太长，谁就算输了。需要提及的是，故事所讲内容应与学生学过的内容有关联，这样能使故事更有趣，也能巩固所学知识。

2. 20 个问题

这一游戏适合全组人都参与进来。具体做法是：一名学生想出一件物品，然后告诉大家它属于哪一方面。然后，其他同学依次向这名同学发问，发问须使用一般疑问句，并且所提的问题总数应确保不超过 20 个。被提问的那名同学须用 yes 或 no 来回答。每次提问都是为了使所猜的物品范围缩小，最终确定是什么物品。

（五）英语电影配音

观看英语电影是一种有效的课外活动形式。电影中的台词往往十分多样，具有灵动性、戏剧性，与实际生活联系紧密，更贴近口语。因此，教师可以组织学生进行电影配音活动，这样的任务既有输入，也有输出。

具体而言，在为英语电影配音的过程中，教师让学生自由组队，通常 2 ～ 3 人一组，截取某一部电影的某一片段，并通过软件加以编辑，使英文字幕保留下来，之后分角色配音。要想提高这一练习活动的效果，学生首先应看懂电影，了解角色，在此基础上，对所要进行配音的片段反复观看、仔细聆听、记好台词，尤其应注意一些特殊的语音现象，如连读、弱读、重读等，然后就可以进行模仿训练。成功的配音除了要做到语音匹配之外，还要确保情绪、情感、音量等恰如其分。

此外，在这一活动中，小组成员应积极配合，多进行演练，从而达到最佳效果。英语电影配音既有利于锻炼学生的听力，又有利于提高学生的口语能力，还有利于培养学生的团队意识与合作精神。

（六）英文歌曲演唱

在课外活动中，英文歌曲演唱也是比较常见的一种活动。教师应鼓励学生参加英文歌唱小组，通过学唱英文歌，既能使学生的心理需求得到满足，也有利于促进学生听力水平的提高。同时，教师可将英文歌唱小组与英文歌唱比赛两种活动结合起来，并计算出成绩，依次排序，使学生获得成就感，同时提升学生的集体荣誉感，培养学生的团队合作精神。

教师应认真选择英文歌曲，具体须注意以下三个方面：

1. 内容的趣味性

为了激发学生的兴趣，使学生主动参与活动，教师应尽可能选择内容有趣的英文歌曲，让学生感受听歌与学歌的乐趣。

2. 语言的真实性与可操作性

教师既要确保所提供的英文歌曲语言的真实性，使学生在真实的语境中学习纯正的英语，又要确保歌曲语言具有可操作性，不用或少用含有方言或俚语等特殊语言现象的歌曲。

3. 难度的层次性

不同学生的语言水平也不同，教师可以据此分配小组成员，并为不同的小组选择不同难度的英文歌曲。

（七）英语戏剧表演

英语戏剧表演也是一种常见的课外活动。每个人都有表演的欲望，戏剧表演恰好可以给学生提供一个展示自我的机会。戏剧表演活动有利于激发学生的学习兴趣，使学生乐于听英语，同时愿意主动开口说英语。

与电影配音活动不同，戏剧表演除了对说有要求，还对表演有一定的要求，即学生的表情、动作等都要模仿得很像。因此，在戏剧表演过程中，教师应适当地对学生的台词、表情、动作、手势等给予指导，同时应鼓励学生自由发挥，勇于创新，从而使学生提高学习语言的效率，提高运用语言的能力，同时接受一定的美育与思想教育。

第二节 基于英语技能教学的情感教学

一、情感教学概述

（一）情感

情感是人类大脑的一种机能，是对不同客观实体的喜好或者厌恶所表现出来的心理动态变化。情感将主体、客体以及满足需要三者串联为一体。情感的发展是个性的情感能否适应个人成长发展、社会发展的一个变化的过程。

概括来说，能够对学生的英语学习造成影响的情感因素主要涉及以下四个方面：

1. 兴趣与积极性

学习兴趣和积极性是学生对事物、学习活动进行积极认识的倾向，是英语学习过程中最活跃和现实的成分。众所周知，学习兴趣和积极性对人们有着很大的推动作用。如果人们对于某件事、某项活动有着积极和浓厚的兴趣，他们就会付出满腔的热情，学习或工作效率也非常高。

在英语学习过程中，兴趣和积极性的影响也是十分明显的，它能够激发学生的求知欲，推动学生积极参与到学习和训练中，主动积极地获取知识和技能。当学生从内心对英语学习充满兴趣和积极性时，那么他们会集中更多的注意力在学习中，他们的思维会更加活跃和开阔，记忆效果也明显增强。总之，培养自身对英语学习的兴趣和积极性是学生不能放弃的艰巨任务，也是对教学的一种要求。

2. 自尊心

自尊心也是影响英语学习的一个情感因素。关于自尊心的定义，不同学者给予了不同的观点。①自尊心是由个体在实现自己的既定目标的过程中是成功的，还是失败的态度决定的。②自尊心就是一种自我情感体验，是人们从认知的角度出发，对社会生活中的主体及作为主体的自我进行评价的一种自我价值感。③自尊心属于自我意识，且具有评价意义。这一自我意识与自尊心的需要有着密切的关系。自尊心产生于认知的基础上，其中涉及了自我态度的体验和情绪成分。

在相同的语言环境中，焦虑性强并且缺乏自信的学生不仅不会主动回答问题，也不会积极参加各种活动，因此放弃了许多英语实践的机会，致使学习达不到令人满意的结果。

3. 自信心

所谓自信心，是指个体对自己能否顺利完成某一行为或者某项活动进行的判断和推测，是学习者对自身能力水平、自身价值的主观评价和主观意识。换句话说，自信心是一种积极的情感态度，是对个体的一种肯定。

一般来说，如果学习者的自信心较强，那么他们对自己的未来就充满信心，对英语学习也保持积极向上的心态。当然，由于他们对自己的英语学习充满自信，因此更愿意参与到英语学习中，也愿意主动思考，积极地接受和完成任务。

如果学习者的自信心不强，那么他们对自己的未来没有信心，不愿意主动接受挑战，也不愿意主动参与到英语学习中，其各方面的能力得到禁锢，因此很难达到自己定的英语学习标准。

正如心理学家所说，只有在自信的前提下，其他的情感因素才会发挥作用。因此，学生要想获取成功，就必须充满自信心，这不仅是对基础好的学生来说的，学习有困难的学生也应如此，并且坚信成功是早晚的事。

4. 焦虑

①焦虑是人们在参与一些具有威胁性的事件时产生的忧虑、不安、恐惧，是一种主观上的感觉，其与自动神经系统的唤醒有着密切的关系。②焦虑是一种主观上的感受，其往往会随着主神经系统的唤醒而呈现一种害怕、紧张和忧虑的情绪。③焦虑是学习者运用目标语进行语言交流时产生的不安和恐惧心理。

综合来说，英语学习过程中的焦虑是指当学习者的自尊心、自信心受到冲击或者威胁时，形成的一种担忧、不安、恐惧的倾向。

同时，这些学者一致认为，焦虑在英语学习过程中不可避免，并且是影响英语学习成败的关键因素。但事实上，焦虑也是英语学习过程中必不可少的部分，因为在英语学习过程中，适度的焦虑可以让学生产生一种紧迫感，化压力为动力，激发学生的内在潜力，从而收到良好的学习效果。

（二）情感教学

对于情感教学的定义，不同的学者有不同的观点和看法，以下介绍三种观点：①情感教学是指在教学过程中，师生都处于积极的情感状态中，教师通过语言、行为、态度等手段来调动学生的情感，力争达到教学效果的最大化。②情感教学是教师在教学活动的基础上，运用一定的教学方法来激发、调动甚至满足学生的情感需要，从而将认知与情感完美地统一起来，达到最佳的教学效果，从而促进学生全面、和谐发展。③情感教学是指运用情感的形式对教学的主导思想进行优化，即可以称为"以情优教"，它的主要内涵是在认知心理学的基础上，充分发挥教学中的情感因素，来完善教学目标、改进教学程序、优化教学结果。

总体而言，情感教学就是在尊重学生个体特征的基础上，通过采取一定的教学方法或手段来满足学生的情感需要，从而促进学生全面、系统发展。

（三）情感教学的意义

1. 有助于调节个人情感

情感的强度与性质对个体认知过程具有决定性的作用。如果情感的强度与性质处于适宜的状态，就可以确保个人的认知状态与行为活动保持在较为良好的范围内。情感教学是一种可以对个人的情感强度、性质具有引导作用的教学模式，有利于调节学生的个人情感。

2. 有助于激发学习动力

有研究表明，人的自身情感因素会给人的行为与活动产生很大的影响，情感发生变化，人的行为与活动也会发生变化。学生拥有积极的情感，其学习效率就会有相应的提升；如果学生的情感状态比较消极，其学习效率就会有所下降。采用情感教学方式展开教学，可以充分调动学生的学习积极性，在提高动力方面具有积极的促进作用。

3. 有助于学生树立正确的学习态度

缺乏正确的学习态度是很多学生英语学习不好的一项重要原因。大部分学生将英语学习的目的归结为通过考试，这种现象很容易造成学生在课堂上只是被动听课、记笔记，却很少主动参与到课堂活动中，导致大部分学生虽然具备了英语的应用技能，但是当他们走向社会的时候却明显感觉到各项能力都不足，沟通能力明显薄弱，不能将英语用在复杂的交际环境中。因此，在高中英语教学中，教师一定要帮助学生树立正确的学习目的和态度，进而使学生能够摆正自己的学习状态，以适应实际交往的需要。

4. 能够产生迁移作用

学生的学习兴趣在很大程度上影响着学习效果。对自己感兴趣的事物，学生通常具有更大的学习兴趣及认知积极性。据此，如果想有效提高学生的学习效率，教学中应注意将激发学生的兴趣作为一项有效的方式。情感教学具有一种倾向性的引导作用，也就是通过采用情感教学模式，使学生对某一事物不断产生兴趣迁移，进而有利于提升他们的认知能力。

5. 有助于促进学生的全面发展

传统的教学过多地强调学生认知能力的培养而忽视了他们非理性的发展，最终导致

"情感空白"。所以，在英语课堂教学中，教师除了对学生认知能力进行培养之外，还要重视他们情感因素的培养。高中英语教学应该以培养和促进学生的全面发展为最终目标。在英语课堂教学中，教师要不断激发学生对英语学习的兴趣和积极性，并逐渐转化为学习动机，帮助学生认清自己的优缺点，从而努力克服自己英语学习的困难，在英语学习过程中养成健康向上的品格，促进学生的全面发展。

（四）情感教学的原则

在高中英语教学中实施情感教学时应遵循科学的教学原则，这样教学效果才会更加突出。具体而言，可遵循以下三项原则：

1. 移情原则

根据心理学原理中的情感迁移功能，一个人对其他人或物的情感可以转移到与其有关的对象上。在情感教学中，坚持移情原则就是使学生在学习的过程中得到情感陶冶。具体而言，高中英语教学中的移情一方面指的是教师的情感给学生情感带来的影响；另一方面，教学内容情感因素会对学生的情感造成影响，文章作者以及文章中的人物的情感都可能感染学生，因此教师应注意引导学生体会文章原作者写作时的情感，重视情感迁移，使学生除了学习语言知识之外，还受到情感陶冶。

2. 寓教于乐原则

寓教于乐原则是最核心的原则，主要是让课堂教学活动在学生快乐的情绪下进行。教师在教学活动中要能够预测和把握好一切变量，激发出学生的学习兴趣和积极性，使学生乐于接受、乐于学习。在这一原则的贯彻过程中，教师不能整节课都用来调节学生的情绪，而应当把调节情绪作为课堂教学活动的一个突破口，使学生的学习状态达到最佳的层次。

3. 以情施教原则

以情施教原则是最具有代表性的原则，主要是以情促知，达到情知交融。通俗来讲，就是教师在授课的时候应该引入积极的情感，使情感与知识融合为一体。在这一原则的贯彻过程中，教师首先要控制好自己的情感，将自己置于积极的情感之中，只有教师自身的情感积极性强，才能带动学生的情感积极性。此外，这一原则可以用来处理实际的教学内容。

二、情感教学的策略

（一）对所有学生一视同仁

在高中英语教学中，教师应对所有的学生一视同仁，关爱所有的学生。学生在智力活动、学习成绩、行为表现等层面存在一些差异，教师应尊重这些差异，特别是对学习中的后进生，更要给予尊重与信任，并在课堂上多加关注，多提供给他们发言的机会，多使用褒奖性言语表扬、鼓励他们，善于发现他们的优点；适当创造机会让他们获得成果，这有利于增强学生的自信，逐渐消除自卑，从而促进学习。教师可以通过表扬、言语、行为等将鼓励、尊重、信任等情感信息传递给学生，使学生产生积极的情感体验，激发其潜在的"情感动力"，提高其学习信心，避免挖苦讽刺、减少批评指责。

（二）克服学生的情感问题

焦虑情绪伴随着整个英语学习的过程，严重的可能会引发害怕或者紧张。因此，教师应该帮助学生努力克服这些困难，主要可以从以下七个层面着手：①善于发现每位学生的优点，并将其不断扩大。②通过关爱、呵护每位学生来保护他们的自尊。③多与学习困难的学生进行交流，并鼓励他们迎难而上。④帮助学生分析错误并加以指正，而不是大声地训斥。⑤通过组建学习小组来保证学习困难学生的参与。⑥对于学习困难的学生的进步要有所期待。⑦适当降低对学生的一些要求，让他们尝到成功的甜头。

（三）建立良好的师生关系

教师首先必须与学生建立良好的师生关系。和谐融洽的师生关系能有效促进"以情促知"的教学活动，改变学生对教师本能的惧怕心理，增强其学习的信心与兴趣。为了建立良好的师生关系，教师可从以下三个方面做出努力：

1. 展现教学魅力

教师要想激发学生的学习兴趣，增加他们的情感体验，就要在教学过程中努力改进教学活动，使教学过程充满情趣和活力，并联系学生实际，使学习贴近他们的生活。只有将教学过程的魅力充分展现在学生面前，才能吸引学生的注意力，激发学生学习的兴趣。

2. 完善个性

教师应该具备内在的人格魅力，使自己拥有负责、真诚、宽容、热情以及幽默等优秀的品质，不断努力完善自己的个性。

3. 真诚对待、关心、爱护每一位学生

要建立良好的师生情感联系，教师还必须具有真诚的品质，发自内心地关心和爱护每一位学生，公平地对待每一位学生，特别是对一些学习困难或缺少自信的学生，教师要多鼓励、多关怀，少批评指责，要相信他们的潜力，切实帮助他们。

（四）满足学生的个体需求

学生的个体差异是客观存在的，由于遗传因素、成长环境、社会环境等因素的影响，学生的兴趣、爱好、性格、能力、特长等方面都体现出了差异性。这些差异性的存在就决定了他们有不同的学习需求，教师可以从以下两个方面入手，从而最大限度地满足学生的个体需求：①在满足学生个体需求时，如果学生的长远利益与当前的偏好发生冲突，要服从长远利益。②尽可能满足学生的不同偏好。

（五）激发学生的积极性

大部分学生在课堂上缺乏学习的积极性，而且不愿意主动参与课堂活动，这与传统的教学模式以及应试教育不无关系。所以，学生必须改变过去被动的学习方式，主动参与课堂教学，充分发挥自己的主观能动性，从而提高自主学习能力，更好地适应社会需求。对此，教师要充分发挥引导作用，激发学生的学习兴趣，调动学生的积极性。例如，对于发音不准确的学生，教师可安排学生利用课余时间或每学期的第一周专门进行有计划的语音训练，帮助学生纠正发音，建立学生说英语的自信。通过双方的努力，学生的积极性就会提高，也会主动在课堂发言。

（六）树立学生的学习信心

自信心表现为个体对自身的评价、态度和认识，对于英语学习有巨大的激励作用，是进步的基础和成功的动力。可以从以下六个方面树立学生的信心：①帮助水平低的学生树立有适当挑战性的目标。②重视学习过程的评价和指导性的反馈。③帮助学生正确对待失败综合征。④为水平较低的学生提供额外的帮助。⑤帮助学生树立正确的学习目标，并认识到努力与成果之间的关联性。⑥教师制订切实可行的、能够促进学生学业进步的教学计划。

（七）激发学生的学习动机

动机在英语教学中起着十分重要的作用。利用情感因素激发学习动机可以产生事半功倍的效果。因此，找出办法激励学生的学习动机对于全面提升英语教学的效率十分重要。

首先，教师应该让学生认识英语对自己未来的工作、生活的实际意义，这样才能使学生主动体会到学习英语的必要性，如介绍他们去经典的英文网站，推荐有趣的英文读物，布置适合他们英语水平的对话练习等，立足未来去启发学生认识英语学习的重要性。

其次，教师应充分利用学生固有的动机，并设置相应的情征来深化他们的认识。例如，在课堂上经常进行对话表演练习，可使学生的参与性和学习热情都得到极大的提高。

（八）使用情感性评价手段

传统的英语教学模式常使用总结性评价。这种评价方式重成绩、重结果、重区别、重淘汰，从评价内容上看侧重对单纯的语言知识结构的考查，评价结果常常会造成"天上"与"地下"的两种情况，即成绩好的学生欢天喜地、成绩差的学生垂头丧气。

评价学生在学习过程中所表现出的兴趣、态度、参与活动的程度等，即采取形成性评价手段，教师能够通过真实的教学反馈信息来了解学生的点滴进步，并对学生所遇到的问题进行深入分析，在保护学生自尊心的基础上提高他们的自信心和对学习的积极性。这不仅可以大大减少学生对英语学习的恐惧心理，还可以使他们始终体会到情感上的鼓励，形成学习上的良性循环。

此外，教师可以使用其他一些灵活的评价方式。例如，教师可利用个人自评或者小组互评，让学生既可以得到同龄人的肯定，又可看到其他学生的长处或者进步。同时，学生会获得另一种成就感，有利于积极情感的形成。

第三节　基于英语技能教学的多媒体教学

一、多媒体教学

多媒体技术应用于外语教学在教育领域引发了一场新的革命，冲击了传统的教学理念，也使高中英语教学模式向着更加现代化的方向发展。

（一）多媒体的含义

"多媒体"一词中的"媒体"指的是信息的表现形式或者是传播模式。而在大千世界中，信息的表现形式是多种多样的，是不可计数的，因此产生了"多媒体"一词。从字面意思上看，多媒体是指两个或更多的信息媒体，如文字、声音、图形、图像、动画、视频等组合而成的单一产品或信息呈现系统。也就是说，多媒体将信息通过多种感官通道表现和传递出来。

随着社会的进步和信息技术的发展，多媒体的含义也不断更新和丰富。不少学者从不同的角度对其进行了分析：①多媒体是文本、图像、音频、视频和动画的总和，而计算机则是将它们连接起来的胶水。②在计算机技术下，视频、图像、音响、图形和正文在多层次上的相互感应和融合。多媒体教学技术融音频、视频、静止图像和信息处理四大功能为一体。③多媒体是传统的计算机媒体——文字、图像、图形以及分析等与视频、音频以及为了知识创建和表达的交互应用的结合体。

还有不少人将多媒体与多媒体技术联系起来，认为二者是等同的，即多媒体是指能够同时抓取、处理、编辑、存贮和展示两个以上的不同类型信息媒体，如文字、图形、图像、动画、活动影像等的技术。

（二）多媒体的组成元素

多媒体主要包括六个组成元素：文本、图形、图像、音频、动画和视频。

①文本。文本是指任何文字材料，它是多媒体各组成元素中最基本的，也是应用最普遍的。②图形。图形是指由线段或形状构成的矢量图，如计算机绘制的直线、曲线、圆、矩形、图表等都属于图形。在计算机上对这些图形进行任意缩放也不会影响其清晰度。③图像。这里的图像是指数字图像，是由像素点阵构成的位图，包括各种形式的图案。在计算机上对其进行缩放会改变其清晰度。利用图像来表述一个问题往往要比文字更直观，也更具吸引力。例如，用一张图片来介绍一处自然景点不仅比文字介绍具有说服力，而且比文字更具有吸引力。④音频。音频指的是各种声音，也包括各种音响效果。在多媒体中，声音都是经过数字化处理的。采样时声音由模拟量转化成数字量，即 A/D 转换；播放时再由数字量转化成模拟量，即 D/A 转换。教学中经常利用音频来训练学生的听力，为学生的口语学习提供语境等。⑤动画。动画是一系列图像的运动模拟景象，它是由一些独立的静态图像组合在一起，通过连续播放而形成的一种视觉上的连贯运动。利用多媒体开展教学时，若能穿插一些动画，就能增加课堂的轻松气氛，吸引学生关注学习的内容。⑥视频。和动画一样，视频也是一种图像数据，它是一些有联系的图像数据连续播放而形成的。

（三）多媒体教学的特点

多媒体教学在英语教学实践中逐渐显示了其强大的优势，它不仅丰富了获取大量英语信息和知识的途径，还为英语教学提供了丰富多彩的语言学习环境，成为提高英语教学质量、培养学生跨文化交际意识和综合语言应用能力的有效途径。

1. 信息媒体多样性

多媒体教学中信息媒体的多样性主要体现在以下两个方面：

首先，体现在信息的输入方面。人类在输入信息，也就是在接收来自外界的信息时主要通过五种感官，即视觉、听觉、触觉、嗅觉和味觉。其中，人类从外部获取信息的大部分，有 70%～80% 是通过视觉获得的，约有 10% 的信息量是通过听觉获取的，剩下的10% 左右的信息量是通过触觉、嗅觉和味觉综合获取的。多媒体技术含有多样的信息媒体，能够在语言学习的同时对学生提供多种感官的刺激，丰富语言输入的内容，加强语言输入的有效性。

其次，信息媒体的多样性还体现在信息的输出方面，主要集中在视觉和听觉上。多媒体技术中包含了对信息进行变换、加工和组合等处理功能，从而大大增强了信息的表现力。

2. 信息处理集成性

信息处理的集成性是指在多媒体教学中，语言信息通过多通道统一组织和存储，各种信息媒体是一个统一的整体，不再相互分离，单独进行加工和处理。这种对多种信息媒体进行综合处理的形式使人们对信息的集成处理更加便利，也使外语教学更加生动活泼，利于培养学生的综合语言应用能力。关于多媒体设备的集成，从硬件上来说包含以下四个部分：①能够处理多媒体信息的高速并行的 CPU 系统。②大容量内存和外存。③具有多媒体信息输入输出能力的外设。④具有足够带宽的通信信道和通信网络接口。从软件上来说包含以下三个部分：①集成化的多媒体操作系统。②用于多媒体信息管理的软件系统。③用于多媒体信息管理的创作工具和应用软件。

3. 学习模式多元化

多媒体教学改变了传统外语教学单一的教师授课模式，学习者的学习模式具有多元性。例如，教师可以利用多媒体技术进行远程教学，满足学生的个性化学习需求，根据学生不同的学习特点进行个别辅导。个别化教学是防止两极分化最有效的途径。

在外语教学中应用多媒体技术能充分发挥学生的积极性和主动性，提高其外语学习的效果。这是因为在网络教育环境下，计算机"扮演"教师的角色，公平、公正地对待每一位学生，学生在这种轻松、生动、有趣、和谐，声、图、文、动并存的学习环境中积极发挥自身潜能，敢于冒险，大胆尝试，进而获得成就感。多媒体辅助外语教学真正实现了寓教于乐。

4. 学习过程互动性

互动性在多媒体教学中体现得尤为明显。在多媒体环境下，教师和学生间的信息交互十分频繁，教师和学生同时作为信息的发送方和接收方，在信息传播过程中，都可以对信息进行编辑、控制和传递。多媒体外语教学增加了信息的单位传输量，使教师的信息单点辐射范围延长，这样信息的保留时间增加，提高了学习者在信息的获取和使用中的主动性，有利于学习者对知识的理解和掌握。

另外，多媒体教学的交互性有利于改善课堂教学时间浪费的现象。学生可以对自身的学习进行合理的调整，主动检索、提问和回答自身感兴趣的某些知识或还未掌握的内容，充分发挥语言学习的主动性。这种使用计算机为每一位学生配备一位指导"教师"的形式不仅满足了不同学生的学习需求，还在教师进行个别指导时，保证其他学生的学习时间，避免不必要的时间浪费。

5. 教学资源共享性

多媒体技术将各种教学信息资源数字化，无论是教学所需的课件、文本、视听素材、教案，还是与教学内容相关的文化背景知识，都可以在互联网这一平台上进行上传或下载，这便实现了教学资源的共享。

共享多媒体教学资源的实现大大减轻了教师的负担，将其从繁重、重复的劳动中解放出来，使他们有更多的时间和精力投身于教学实践和科研实践中，提高教学质量，进一步推动教学改革。此外，互联网资源云集了众多教师的智慧和力量，个人可以从中借鉴优秀的教学经验，参考有创新意义的教学方法，使更多的学生得到优质的教育，从而缩小各地区教学水平的差距，全面提高教学质量。

二、高中英语技能教学中多媒体技术的应用

（一）创设语言环境

高中英语教学过程中，语言环境的创设是保证教学效果和学习效果的基础，同时是提高学生英语习得水平的关键。多媒体英语教学手段的应用可以为英语教学与学习创设不同的语言环境。

1. 多媒体的功能性

多媒体具有强大的表现力与功能性，其通过图文并茂、声像俱佳的形式，能够为学生提供大量自然真实、生动形象的语言信息。此外，通过将语言信息和匹配情境的结合，能够增加英语学习的乐趣，对于实现良好的课堂教学效果有积极的促进作用。这种功能性的作用改变了传统英语课堂教学缺乏语言环境支撑的局面，对学生英语学习效果的提升大有裨益。

2. 多媒体的刺激性

多媒体英语教学手段可以通过多个层面、立体化的方式展示英语教学内容，从而对学生的视觉与听觉形成共同的刺激作用，便于学生对知识的理解与吸收，促进学生对知识的

掌握。在具体的多媒体教学手段应用下的英语教学中，教师可根据学生的年龄特点、认知水平和语言学习规律，选择适宜的媒体和形式，通过任务情境的创设提供丰富的语言环境，从而使学生获得有用的语言知识和技能。

例如，在教授英语节日的知识时，教师可以使用多媒体向学生展示不同国家节日的庆祝方式，结合画面、音乐等让学生感受不同国家的文化，提升对英语知识的感兴趣程度。这种身临其境地感知语言的运用，指导学生从立体多维的信息中归纳出不同交际场合的交际规范和表达方式，使枯燥的规则与生动的场景相融合，从而激活他们的语言思维，并能学以致用，在展现自我的过程中学习和运用语言。

教师还可以做观后讨论，通过分析使学生了解中西文化交际的差异以及原因。这样既可以激发学生的学习兴趣，又可以增强其对英语文化的敏感性，从而有效地获得语言知识和语言运用能力。总之，语言环境的创设是保证英语教学有效实施的重要途径，教师应该多发挥多媒体的作用，提升英语教学效果。

（二）增加语言运用

利用语言展开交际是英语教学的最终目标，英语是一门工具性语言学科，带有很强的实践性，包括口头交流与书面语的沟通。若想增加英语语言运用能力，教学中首先需要给学生充足的语言输入，在此基础上使学生掌握语言基础知识，为以后的语言交际打下基础。

多媒体英语教学手段的运用能够提升语言输入与运用的科学性与有效性。具体来说，语言运用的增加可以使用以下两种手段：

1. 增加语言材料的输入

多媒体教学手段指导下的英语教学应该重视对语言学习材料的输入，从而让学生接触更多的英语语言知识。由于多媒体的功能性，为语言材料的输入提供了更大的便利性。教师可以充分利用多媒体上优秀的教学资源，为学生提供更加丰富、更加真实的语言材料。例如，教师可以通过以下手段增加学生的语言材料输入：①采取任务型的方式组织学生进行阅读，给学生规定具体的阅读量，并让学生进行阅读后的归纳、理解、简述等活动。这种阅读形式发挥了教师的指导作用，能够增加学生语言接触的范围，并促进学生语言感知能力和阅读能力的有效提升。②组织学生进行超文本自主阅读，这种阅读可以让学生根据自身的学习兴趣和学习程度进行自主选择，从而提升教学的灵活性，也在尊重学生的基础上增加了语言材料的输入。

2. 增加语言运用方式

学生语言材料的输入是为了日后的语言运用服务的，培养学生使用英语展开交际是英语教学的最终目标。因此，在英语多媒体教学中教师需要增加学生的语言运用方式。例如，教师可以选择一些符合学生生理、心理特点的电视、电影片段让学生进行观看。在观看时，教师可以采用多种方式，如定格观看、无声观看、只听不看等加深学生对语言信息的领会，同时轻松愉快地感悟语言的真实运用，掌握基本语言知识；并根据特定的情境设计拓展型练习，在情感交流、思想表达的过程中扩大语言的输入与输出量，最终提升学生的语言运用能力。

除此之外，教师还可以利用幻灯片、投影仪多媒体教学形式展示英语知识的信息与背景，在展示过程中，教师需要对学生进行一定的启发与讲解，让教学在声音与画面的有机结合中进行，从而激发学生的知识感悟力并培养学生的英语思维能力。举例来说，英语教学中的一个重要方面文化教学，利用多媒体可以使原本枯燥的学习变得生动和深刻。教师可以收集、存储、编辑相关文化知识，并以多种形式呈现给学生，让他们通过对比中西文化的异同进一步探究文化的深层内涵。例如，可以利用 PPT 展示目的语国家文化的不同侧面（如建筑艺术、服饰饮食、文学绘画等）；或者利用影片片段、CD 光盘等介绍礼仪、节日庆典、民俗等；还可以从网上下载与教学相关的社会文化背景材料，以文化旁白的形式插入课文讲解。

多媒体英语教学是立体化教学手段的重要组成部分，对于英语教学效果的提高、英语应用型人才的培养都有重要的促进作用。教师应该充分利用多媒体教学的优点，丰富英语多媒体教学的时间，最终促进教学目标的达成，提高学生的英语习得水平。

三、基于高中英语技能教学的多媒体教学原则

高中英语多媒体教学在遵循语言教学规律和学生身心发展特点的基础上，还要充分考虑多媒体技术的特点。

（一）目的性原则

多媒体教学的实施首先要有目的性，这是最基本的教学原则。利用多媒体辅助外语教学的主要目的是实现教学过程的最优化。因此，教师可以从宏观和微观两个角度确立多媒体教学的目的。

首先，从宏观意义上说，教师应对教学大纲或《普通高中英语课程标准》中规定的中学英语教学的总体要求有清晰的认识，同时明确这两个纲领性文件对学生语言能力的整体要求和培养目标。

其次，从微观意义上说，教师对每一次外语教学活动都要有明确的教学目的，根据有关教学大纲的要求和学生的实际情况，有目的性和针对性地对教学内容和媒体资源进行筛选、更新和补充，同时结合多媒体教学的优势，充分调动学生的各种感官系统，提高他们的学习效率，以实现预期的教学目标。

（二）以学生为中心原则

语言学习的目的是运用语言进行交际，而语言应用能力的获得则需要学生大量的语言实践。因此，在多媒体外语教学中应以学生为中心，为他们的语言学习活动提供环境支持。例如，学生通过自主学习，自主发现问题，自主解决问题，在人机交互中进一步激发潜能，提高语言能力。在遇到困难时，除了向教师和同学寻求帮助，还可以通过人机对话寻找解决问题的办法。此外，多媒体技术还能及时了解和分析学生的学习情况，教师通过反馈信息对教学进度进行适当的调节，对提高外语教学的效果有积极的意义。

（三）情境与交际性原则

情境与交际性原则也是多媒体外语教学需要遵循的重要原则之一，这是由语言教学的性质决定的。语言能力不仅指的是丰富的语言知识积累，更重要的是语言的运用和交际能力，这就要求外语教学要重视真实的语言情境。

多媒体外语教学在创设情境方面具有很大的优势，在语言教学的听、说、读、写、译等各个方面都有重要的作用，不仅能够使学习者在真实或半真实（模拟）的语境中不断练习和使用所学语言知识及技能，还能够在无形之中培养学生的跨文化意识，了解文化间的差异和共性，从而提高语言运用能力。

（四）立体输入认知原则

多媒体外语教学十分关注学生的认知差异，注重培养学生的认知策略，遵循立体输入认知原则。多媒体技术为学生的语言学习提供了全方位、多感官的信息输入，使学生在一个立体的语言学习环境中逐渐提高自身的语言水平和交际能力。多媒体辅助英语教学使用多种多样的信息媒体，灵活、有效的教学方法，立体交叉的训练方式，在多维教学目标的指导下，多方面地培养学生的语言能力，实现了英语教学过程的最优化。

四、基于高中英语技能教学的多媒体教学方法

（一）外语视听教学

19世纪末20世纪初，电子技术的快速发展使得一些视听设备，如留声机、电影放映

机等被初步应用于外语教学领域。20 世纪 20 年代后，幻灯、投影、录音、广播等一些新的传播媒体的出现使社会中的信息传播更加畅通，这些都为视听教学的出现提供了必要的物质条件。"视觉教学"一词最早出现在《视觉教育》一书中，到 20 世纪 20 年代末期前后，这一名称才逐渐被大众认可。19 世纪末到 20 世纪中期，视、听媒体在视听教学中的作用先后经历了分化到一体化的过程，最终"视听教学"这一术语才取代了"视觉教学"和"听觉教学"，在教育领域广泛使用。此时的"视听教学"泛指在教学中采用图示型教材、视觉教具、听觉教具及二者各种组合形式的教学。

新的外语教学手段和设备的出现促进了新的外语教学方法的产生，其中便有听说法。听说法强调使用目标语言进行外语教学，注重正确的口语输入。该方法有以下特点：①教学内容以句型结构操练为主。②使用目标语，而不是母语教授目标语。③教学过程中反复模仿，强化操练。④在口语基础上培养书面语。

20 世纪 50 年代，欧洲大陆出现了视听法，又可以称为"情境法"或"整体结构法"。这种教学方法将视和听相结合，利用幻灯和录音机等设备，使学生通过视觉和听觉感知掌握所学外语的内容。视听法有以下四个特点：①幻灯图像和录音视听相结合。②感知整体结构的对话。③充分利用幻灯、录音视听教具。④在口语基础上进行书面语教学。

（二）多媒体软件辅助教学法

多媒体技术开发的语言识别系统能够给学生创建一个真实的语言环境，并让学生沉浸其中。随着多媒体教学的广泛深入，各种多媒体教学软件的种类和功能更加完善，涉及范围更加广泛，这有利于激发学生英语学习的兴趣以及提高学生英语学习的自主性和积极性。多媒体教学软件具有便捷、功能齐的特点，尤其是捆绑式的软件能够提供学生所需的各种学习信息。例如，测试性软件的发展趋势是开发出不仅能对学生的口语或写作能力进行检测，还能对学生的主观性答案进行适当、有效的教学评价的教学软件。

第四章 新课标背景下高中英语教学策略

第一节 高中英语阅读教学策略

一、确定英语阅读主体

学生和教师作为英语阅读探究教学的主体，在教学过程中发挥着重要作用。学生是具有探究欲望与能力的个体，是主动、积极的创造者。教师具有探究性和反思性的能力，是具有反思性能力的指导者。

（一）学生即自主能动的创造者

阅读文本知识本身就是一个可以不断创造的材料，是人类创造的经验。文本知识是在一定情境下创造出来的经验，随着阅读者理解的深入也在不断发展改变。正如伽达默尔所说的那样："对于文本或艺术品真正意义的发现是没有止境的，这实际上是一个无限的过程，不仅新的误解被不断克服，而使意义得以从遮蔽它的那些事件中敞亮，而且新的理解也不断涌现，并揭示出全新的意义。"阅读文本的理解是具有个性的，每个人对于文本的理解都是各有所见，阅读文本是阅读者依据自我的认知水平和经验做出理解和感知。同时，文本知识并非价值中立，都是基于经验中的材料所创造的，随着读者对事物规律体验的不断变化，文本理解也在不断改变和丰富。

在英语阅读探究过程中，学生通过自我的主动实践将认知的语言文本内化，能动地在知识与自我之间主动构建内在联系，从而形成具有创新意义的认知结构和认知方式。学生主体的自主实践是其重要的途径，并表现为"实践的自我关系中的'自我'不再是原始的或者反思的自我意识的中心，而是自我控制的主体。这里，自我反思承担了激发行为动机和从内部控制自我行为方式这一特殊任务"。学习者自我在主体之间的建构中不断去反思和理解，从而实现了由自我的认知到自我调控的转换，阅读过程就潜移默化地变成了探究和创新，发挥了学生的自主能动性和创造性。

（二）教师即阅读探究的指导者

英语阅读探究教学是指在教师指导下学生运用探究的方式自主理解文本内容、探究阅读问题、发展交际能力的实践活动，阅读探究离不开教师有效的指导和促进。一方面，英语阅读探究不是教师放任自流，学生随意自由探索的学习。在探究过程中，教师要设置激发性的阅读学习环境，为学生准备好阅读探究的资源，指引学生阅读探究方向。指导者是英语阅读探究教学中教师的重要角色，其中"指导是一个比较中性的词，表明把被指引的人的主动趋势引导到某一连续的道路，而不是无目的地分散注意力"。这种指导更多地体现在教师的引领与导向上，使学生的积极性发挥在阅读探究上。

另一方面，英语阅读探究并不是知识的单向传授和灌输，阅读过程与结论并非教师设定。整个探究过程中的阅读问题、探究方法、文化体验甚至文本反思都是动态的活动，具有动态性和生成性，就需要教师给予学生自主、合作、探究的空间，给他们指导和帮助。"指导即解放，旨在帮助学生最充分地发展自己、实现自己，而不是从外部对学生施加压抑和限制。这种理解普适于对学生的所有指导，研究性学习活动的指导也不例外。"学生需要帮助时，教师通过有技巧的指导去实现学生的自身发展。

二、整合阅读教学材料

课标中对教材改编做出了说明："教师要具备开发课程资源的能力，创造性地完成教学任务。""所选用的教材应该具有时代性、基础性、选择性、发展性、拓展性、科学性和思想性，应该符合学生的年龄特征、心理特征和认知发展水平。"

（一）课内阅读材料的"二次开发"

教材是全省甚至是全国统一配置发放的，面对的学生群体是全省所有高中生。而各个学校的学生英语阅读能力参差不齐，重点高中与农村偏远地区高中的学生语言水平、学习能力和学习方式都不同，同一所学校的重点班与普通班的学生英语阅读能力也不尽相同。教师所处的教学环境也存在不同地域、不同学校而有所不同。没有一本教材是完全适合所有的教师和学生的。因此，这就要求教师对教材进行"增、减、改"。教师对课内阅读教材"二次开发"的过程也是一个学习的过程，可以更多地了解阅读材料，对阅读的教学有更深层次的思考。

1."吃透"教材，"深挖"教材

教师根据新课程标准和自己所教学生的实际情况形成自己的阅读教学风格，创造性地使用教材。教师在组织教学之前应该以整个单元为一个整体，深入研究教材。从整体把握教材，而不是对教材各个版块分离教学，能更有效地提高学生的英语阅读能力。

目前全国各省使用的教材是不一样的，但每种教材都有其特色，有相似之处也有不同之处。善于汲取各种教材的精华，重新整合各种教学资源也是教师应该具备的一项能力。

2. 调整阅读材料的学习顺序

英语教材的编写体现语言知识的年段性，同一个词汇在不同的年段可能有不同的能力要求，教师切不可在教学伊始就求全责备、无限拓展，否则就会增加学生的学习负担。在教学实践中应该先基础后综合。英语词汇的词义、词性、词形变化多，教学中要遵循循序渐进的原则。教师要根据高中生的认知情况灵活地调整教材中阅读材料学习的顺序，提高教学效果。

3. 拓展教材的宽度和深度

首先是需要拓展教材中阅读文本的宽度。其次，在拓展教材宽度的同时，也需要拓展教材的深度。教师可以在教材的阅读文本中补充一些文化背景层面的材料或者问题。很多教材在设计阅读理解相关问题时停留在词汇、句子的表层理解，涉及文化内涵的部分较少，教师需要在教材原有问题的基础之上补充一些更深层次的问题。

4. 改编教材以适合学生的认知水平

首先，课内阅读材料有时超出了学生的实际水平，教师应该在不违背教材的教学目标，不影响教材原有系统的情况下，对阅读文本中的长难句进行改编，用简单的词汇和易懂的句型替换原文中的长难句，让学生不畏惧教材，产生熟悉感。其次，可以对一些学生不感兴趣的话题进行改编。

英语教材是英语课程资源的中心、语言知识教学的依据，然而，一套同样的教科书不可能符合每一所学校的师生的需求。教师不能盲目崇拜教材。对于基础薄弱的学生来说，教材中有的部分对他们来说是不合适的。而每位教师对教材的使用都会受自身的知识、能力以及教育教学信念的影响，每位教师对教材的处理都有着不同于他人之处。不同的学校应该对教材因地制宜地进行整合。

（二）阅读材料的"灵活选择"

英语阅读有应用文、广告、新闻、议论文、人物传记等各种题材，那么为了拓展高中生的阅读范围，教师应该做好阅读材料的筛选。

1. 统整生活的文本内容

海德格尔曾说："语言是人类的存在方式，语言是人类的家园。"生活中，我们每天都阅读语言文本并使用语言。可以说，生活是文本的来源。语言的文本跟生活一样多姿多彩，阅读文本和理解文本不是为生活做准备，而是生活本身。英语阅读探究内容融合生活，将阅读的范围拓展到了实际生活语境的各个方面，深入学生的精神生活、文化理解和社会交往等。"教育要通过生活才能发出力量而成为真正的教育"，融合生活的阅读文本打破了教材统一、教学实施统一甚至结论统一的传统英语阅读教学观念，让文本知识时刻具有动态性、探究性与生活性，使英语阅读回归生活世界。

统整生活的文本问题具有生活性与真实性。首先，阅读问题应该是贴近生活、接近学生已有的实践经验和真实的生活需要。阅读教学过程不断地寻找值得获得的、独立的、与学生的学习和生活相关联的图式知识领域，强调阅读文本知识与学生自身经验、家庭生活和社会经历的有机结合，能够让学生在文本理解中感知生活、理解生活、经历生活、表达生活。同时，统整生活的英语文本问题不仅体现材料与生活的相关联性，而且还表现在对学生真实的理解。语言教学要重视学生内心的学习动机，所有的教学行为应该是学生自主选择的，所表达的语言也是他们想要表达的，适合学生的身心发展。因此，英语教师在教学中既要选取真实的语言材料，也要选取专为学生设计、适合他们的学习语言材料。语言输入应力求"真实"。但真实材料并不意味着有难度的语料，而是要根据学生年龄、心智、情感以及语言等各种差异，在外语学习的不同阶段采用不同难度、不同年龄段的真实语料。这样的英语文本问题才符合学生发展的需要，适应学生的语言认知能力和理解能力的提升。

统整生活的阅读文本问题关注学生的幸福生活，尊重学生生活的所有可能性，并使之有机地与文本相连接，进而对阅读知识进行发展性的调整和生成，确立为学生幸福生活的阅读教学价值追求。同时，生活化的阅读文本注重学生通过知识去获得自由，使学生运用知识去获取属于自己的学习和生活空间。这个空间即是知识文化和他自身现实生活的结合，让学生通过阅读文本问题对自我知识结构产生新的认识并且去构建完善，从而去丰富和发展自我。而且，生活化的文本问题有助于学生个性的发展和自主精神的发挥。问题的产生使学生带着疑问和探究的心态去学习和理解，可以突破思维定式的局限，活跃他们的思维，从而增强学生自主阅读的动机。与此同时，学生的生活性和生成性思维也通过文本问题得到培养和提高，学生的个性和差异得到展现与发展。

2. 开发协商的对话主题

英语阅读教学中的对话作为一种话语的实践，是基于构建阅读内容及意义同客体相互交往、理解的过程，是出于对自我批判、自我重建的反思过程，同时也是具有社会交往同他者交际的过程。其轴心是"作为同客观世界对话而实现的探究和表达的实践"。因此，根据对话实践的三个维度，即学生与客体之间的关系、学生与自身的关系以及学生与他者之间的关系，英语阅读对话的主题可以分为创造世界、建构自我和结交朋友。英语阅读探究教学中，创造世界的对话主题是将对周围社会、英美国家甚至是世界感知和理解的一种语言表述，包含着英文文化、文学艺术、经济科技及政治历史等。学生直面探究的内容、结构以及原理，并且去观察、实验和操作，构建出客观的意义世界。第二种对话主题为建构自我，即跟自我的对话与反思。学生根据自己所感知到的世界以及自我跟社会和世界的关系，来建构自身的意义关系和价值，重建自我的个人经验。语言正是这种体验和经验的重要工具，因为语言是感性活动的产物，同时语言是理性的映像，"语言中所表达的意义，以及如何结合使用，取决于人对周围真实世界的感知和范畴化，这一感知和体验就反映在语言的本质之中"。最后一种对话主题为结交朋友，这种对话主题是以交际为线索。英语对话的交际，更多体现为跨文化的交际，跨文化交际能力及目的语社会文化能力就等同于目的语的适应性，也就是目的文化知识。语言交际内容就涉及学生寻求的个人适应、情境理解、文化调试、人际互动以及任务完成等。

当然，对话主题的设定如果只考虑到学生的个性是不够的，因为学生的个体知识经验是有限的，仅仅依靠自我的认知是难以构建知识的结构和意义的。对话是一种社会性的活动，它涉及人与世界、人与自我、人与他人的交往，所以对话的主题是具有协商性的。对话主题应当强调不同主体之间的相互合作与相互作用。每个学生甚至是教师对世界都有着独特的见解，只有通过相互之间的交流与协商，多种独特的观点才可以得到分享与考虑，学生内部知识结构以及对知识问题的理解才能够得以深化，这样学生之间才能创造共同的语言世界和文化世界。建立一个协商的对话主题需要一个过程，这个过程包含着文化、知识和观点相互融合的过程。这个过程形成了个体的共同文化，"只有通过参与共同体的协商和合作，个体的自主性才有存在的意义"。

创造协商的对话主题的目的是培养人，唤醒和提升学生的自我意识、自主精神以及文化创造能力等，英语探究阅读内容就更关注学生的个性和存在方式。作为以生成方式存在的对话主题不仅根源于知识本身的生成性，而且还关注学生的生成发展。英语阅读的对话主题并非封闭静止的，而是一种内外结合、动态发展、生成开放的实际经验。教师在阅读教学中不断在依据时代的发展来更新对话主题，教师可以"以当代外语教育研究中的最高、最新成果为起点，具有时代气息和一定的前瞻性，满足社会发展、科技进步对学生语言能力的要求，反映当代青少年的生活和精神面貌，紧密联系学生的生活经验"，并运用英语类的报纸杂志以及英语文学概况类的书籍对对话主题进行拓展、补充和完善。

3. 建构多元的文化情境

从语言系统功能的角度出发，韩礼德认为语言是一个社会符号系统，而且语言作为一种符号并不是孤立的，而是与其他各种语言符号组成整个语言系统。语言存在于社会之中，狭义地说这种社会背景指的是具体的交际情境，即"一个话语范围、话语基调和话语方式的构型，是可以说明语域的特征"。语言只有在交际的相互作用中才能确定其真正含义，情境的变化会导致语言意义的改变。广义地说其是指文化语境，即"使语篇有价值、限定语篇的解释范围的机构性和观念形态性背景特征"，交际情境与文化语境相互联系、相互作用。语言和文化密不可分，了解相关的文化背景是掌握和理解语言文本的前提；文化是在"不断扩大一个人对事物意义的理解的范围，增加理解的正确性的能力"。

由于世界全球化的发展，各民族、各个国家之间的价值观念、生活方式、风俗习惯等的交往与流动得到了发展，形成了独特的文化，同时也构成了丰富的文化共存，文化具有多元性。多元文化就是对一元思想、观念和文化上相对主义的摒弃，强调多种文化的共同发展。因此，文化情境应该是多元的，其所涉及的内容应该更加广泛与多样，其中包括"世界知识、语言知识、集体知识、参与者、背景（文化）、媒介、语篇因素、表现"等。多元的文化情境蕴含着三层含义：首先，多元的文化情境指向平等的环境。各种文化都有其独特的存在价值和意义，正是这种不同的文化才构建了多元的世界，它们之间没有高低之分，相互之间更多的是尊重与包容，这便为阅读提供了一个民主、平等的空间。其次，多元的文化情境是交往的语境。各文化之间具有一定的相互联系与影响，交往与交流便构成了理解与探究的必要条件和基础。最后，多元的文化情境还表现为对差异的尊重。因为其包含着不同的民族与国家的文化，而且都是通过历史的积累形成的个性的独特文化，表现出多元发展的特性，这样的阅读情境就体现着对个性的尊重和支持。

多元文化要求我们把多样性、差异性、复杂性、不确定性贯穿在教育过程中，给教育发展提供更多的选择性、多样性和创造性，给个体表现自己独特的个性和发挥创造性提供巨大的活动空间。多元文化的发展即是文化的交流、碰撞、构建和融合，是价值观、思维方式以及行为习惯的交流、理解与重构。高中英语阅读教学就需要给学生构建一个多元的文化情境，让学生在情境中不断地去接触和感知阅读材料，通过交际和理解习得语言知识和其意义，甚至追求一种"和而不同"的理解和包容的情感态度。阅读的情境语境在文本探究中的作用表现为：一方面，多元的文化情境在主体和客体关系上消除了其间的二元对立。文化情境与主体的认知探究活动紧密相关，它是由主体和客体相互作用而形成的整体，既激发学生的学习兴趣，又开阔文化视野，扩大图式知识，使英语阅读变成一个相互动的过程。另一方面，多元的文化情境能使阅读变为一个动态的探究。文化情境本身就是一个随着认知阅读和交际的不断发展而不断改变创造的变动体，它时刻处于建构之中，被主体激活和创造。建构过程中学生提高了不同文化的认知，丰富了语言交际背景知识。由于学生的经验与知识的不同，基于多元文化情境建构出的理解和意义也会不同，正是这种"不同"形成了学生的个性认知和理解，为进一步阅读探究打下了基础。

三、充分解读阅读文本

在高中英语阅读教学中，应重视阅读材料，然后建构学生的学习。只有充分解读英语阅读教学中的语篇价值，教师才能通过语篇提高学生的英语阅读能力。英语阅读教学可以分为三个部分：语言、内容和思维。三者相辅相成，缺一不可，是任何英语阅读课堂具备的三大教学要素。

（一）解读阅读文本的语言

语言是阅读的载体，如果没有语言知识作为基础，阅读就无法顺利进行。语言是英语阅读课堂重要的教学内容，任何阅读都是从语言的积累到思维的量变。语言知识包括文本中的词汇、语法及篇章结构，在开展一项新的文本阅读时，新的词汇可能会给学生造成阅读障碍。教师应该先解读文本中的重点词汇、长难句、难懂的语法，为学生创造语言知识的真实语境。

（二）解读阅读文本的内容

阅读文本的内容加工是阅读教学活动的主要目标之一，教师对文本内容进行梳理也是为阅读教学过程做准备。文本内容包括文本特征（大小写、斜体字、文中图片等）、语篇框架结构、文化背景、文章脉络、细节信息和文体等。阅读文本的标题是文本内容的体现，所以通过标题可以预测文本的内容。文本中细节信息的解读也很关键，教师在解读细节信息时，可以引导学生学会通过精读的方法掌握文章细节。英语阅读材料有各种不同的体裁，不同的体裁有不同的结构。记叙文阅读材料需要注意时间、地点、人物、事件；说明文阅读材料是对某个事物进行说明，语言准确精练；议论文阅读材料重点是搞清楚中心论点、论据，语言客观具有说服力。教师在阅读文本的解读中，要帮助学生梳理不同体裁的语言特点，把握文章的特点，快速有效地理解文章内容。教师应该根据不同的体裁文章解读出不同的文章结构。在获取文本浅层次的内容之后，教师还应挖掘文本中的文化背景。

（三）解读阅读文本的思维

教师要理解作者在文本中表达的观点、写作意图，采用评判性阅读视角解读文本中表达的思想，深度阅读文本信息，对文本内容提出可以让学生延伸文章内容的问题。解读时还要对学生的观点做出准确的预测，对学生的思维进行锻炼。阅读教学与逻辑思维结合的方法有很多，教师需要根据文章的内容和题材来灵活设计。如锻炼学生练习归纳与演绎能力，可以让学生总结段落大意或复述文章大意，或者改写某句话；锻炼学生分析与综合信息的能力，可以根据文章内容进行提问；培养学生抽象与概括的能力，可以让学生找段落关键词，甚至让学生根据这些段落关键词来绘制思维导图；锻炼学生对比思维，可以根据文章内容，设表格，对比填空，或者把阅读文章与之前同话题的文章进行信息对比或者写法的对比；锻炼学生因果思维，可以针对文章描述的事情或现象，让学生思考其深层原因，或根据原因让学生预测未来结果；培养逆向思维，可以设置需要用到排除法的选择题；锻炼递推推理能力，适合叙事类文章，可利用图片让学生按事情发展的顺序排序。

四、优化阅读教学设计

（一）优化教学目标

新课程标准把阅读教学目标分为三个维度：知识技能目标、情感态度目标、策略目标。知识技能目标包括语言知识、语言技能以及语言知识和技能的运用。情感态度目标包括文化意识和情感态度。策略目标包括学习策略和阅读策略。

1. 教学目标具体化

教师在设立教学目标时应该把每个维度的阅读教学目标细化。不同的阅读材料会有不同的教学目标。应用文的教学目标要求学生学会快速理解标题所传递的主要信息，提高学生的快速阅读能力，并掌握文体特征，如广告的格式、书信格式。议论文的教学目标则是要求学生找出文章的中心论点和支持论点的有力论据，理解作者的意图及作者的写作框架。

2. 教学目标层次化

从对文本具体信息的理解到对文本逻辑的理解，从浅入深，层次递进，先领悟文本材料中的识记知识，然后再掌握如何综合运用语言知识要点，培养学生分析、评价等综合语言能力，层层深入，由易到难。

3. 教学目标的设计需要考虑学生实际情况

教师在设计教学目标时，要考虑学生的语言基础等语言认知能力。例如，高一新生还没有学到名词性从句、定语从句等复合句，语言能力的欠缺会影响其阅读含有长难句的阅读材料，阅读速度就会下降。因此，阅读教学目标中，教师不能把阅读速度作为本节课的目标，而应该把阅读目标侧重于情感态度。

（二）优化问题设计

课堂中的问题应该依据教学目标围绕文本材料由浅入深地分层次设计，问题的设计能够让学生通过对语言浅层次的理解过渡到深层次的思考，培养学生思维能力，留给学生思考的空间。教师在组织英语阅读教学时，可以实施以下四种策略设计问题：

1. 设计记忆型问题

教师通过设计以学生目前的知识不能回答，但是通过文本的学习就能立即知晓的仅通过记忆以后就能回答的问题，让学生感受到自己在某些知识领域有欠缺，要想回答这个问题则需要更多了解关于这一领域的信息，激发学生的探知欲；也可以设计出让学生感觉是模糊不清的且有趣的问题或者是以后生活中的常识、必须解决的问题等。学生对教学内容的评判，如教学内容的有趣性，是否要经过学习可以了解这些内容，很大部分取决于教师引发的学生对问题的好奇，以及学生可以利用即将学到的知识运用于以后的生活、发展的概率。因此，教师在设计记忆型问题时，要注意以下两点：问题设计尽量有趣，可以将问题与图片、视频等结合展示；对于这些问题，学生有相关的一些相联系的知识储备。这些问题可以在后续的阅读活动中得到回答，让学生进入积极的阅读文章和解决问题的状态。

2. 激活学生原有知识的问题

激活原有知识的策略主要是指教师在阅读课的读前阶段帮助学生激活已有的背景知识。它不仅能激发学生已有的相关的背景知识、补充必要的知识或者新信息，而且还能使学生认真思考主题相关的知识。背景知识是理解特定语篇所需要的外部知识，它对阅读理解的准确性产生很大的影响。许多专家，如齐鲁霞、王初明都认为，读者背景知识对理解的影响是大于语言知识的，背景知识的缺乏对阅读理解产生很大的障碍；读者所有的背景知识和阅读文章的内容，同样对读者的阅读理解产生影响。学生原有的知识经验会影响他们对文章的理解程度，表现在以下三个方面：它能产生预期，引导学生关注那些与预期相关联的内容；它是学生对文章进行推理的基础，即具有原有知识的学生能对文章省略的信息进行补充；有助于学生阅读后对文章内容进行记忆。

读者拥有的有关篇章主题的知识会影响其关注阅读材料中的内容部分、阅读篇章后内容的回忆部分、阅读速度以及对于篇章的理解水平。因此在课文阅读教学中，教师要注意帮助学生唤起文章的相关背景知识，结合他们已知的语言知识进行阅读。学生有了运用原有知识阅读的能力，对所读的文章的思路就会有比较清晰的认识，提高对文章的理解水平。因此，激活读者拥有的先前知识对阅读过程影响较大。

激活原有知识的策略是阅读过程中重要的阅读策略。读者读前背景知识有三种情况：

第一种是与所要读的文本内容相似；第二种是与所要读的文本内容相冲突；第三种是读者对所要读的文本的背景知识毫不了解。其中，第二种是认知冲突，第三种是诱发好奇心，而第一种就是激活学生原有知识。在这种情况下，教师就需要设计出记忆型的问题，引导学生在以前学习的相关知识中，快速而准确地找出与文章主题联系密切的内容，以便他们更好地理解文本。

3. 设计联系学生生活的问题

联系学生实际生活包括四个方面的内容：要联系学生已知知识；让学生感到实际生活迫切需要知道或以后将要用到的；联系实际生活的情感因素；学生学习之后，可以通过记忆型问题的点拨，运用于以后的相关情境中。

很多情况下，学生对能把阅读与实际生活进行联系的材料更有兴趣。在进行问题设计时，教师可以分析阅读材料与现实生活的联系，尤其是学生生活的联系，寻找生活中的阅读动因。只有当学生把学习内容与现实生活联系起来时，才能真正了解、掌握它。要让学生认识阅读的价值、发现阅读的作用、正确地认识阅读，就需要把阅读学习与生活进行联系，让学生在现实生活中寻找其所读内容的体裁与应用。

虽然教材中的材料很少是生活中的材料，但是文章的主题可以为课堂内外联系的建构提供线索，教师可以通过阅读前的记忆型问题来启发学生对实际生活和课本进行联系，在阅读后利用记忆型问题达到学习内容迁移的目的。教师还可以通过示范自己是怎样将阅读内容与自身的实际生活进行联系的，来将知识迁移的过程展现出来。在学生观察之后，教师通过记忆型问题帮助学生进行迁移。

比如，阅读部分文章的主题是对烧伤的急救护理，比较贴近生活，这时通过设计联系实际生活的问题，学生更能够意识到文章的实用性。师生通过对文章的理解与阅读，得到对实际生活的启发。教师可以和学生展开讨论，如果遇到烧伤急救，应该如何处理，展示出本课与实际生活的联系。

4. 设计阅读策略与技能的问题

阅读不是逐字逐句地对文章内容进行辨认，而是通过各种阅读策略与阅读技能来对文章进行理解。因此，在阅读中掌握阅读策略与技能是非常重要的。在课堂中，学生在进行阅读理解时，阅读的步骤都是在教师一步步的设问下进行的，学生的思维还是在教师的影响之下。教师利用理解型问题来引导学生运用和练习阅读策略，利用记忆型问题来回忆阅读策略使用的过程，这两个步骤还是仅仅局限于一篇文章或一堂课中的。学生的阅读能力要想得到提高，必须自发地调动思维对文章进行自我提问和理解，要学会将阅读策略与技能迁移到新的文章中去。因此，教师必须让学生意识到，在阅读理解过程中这些策略和技能具体是在哪些情况下如何运用的。教师需要在记忆型问题与理解型问题的基础上，利用运用型的问题，总结出阅读策略与技能的内容及其使用的环境。

文章的理解过程中，必然会出现生词，但是可以让学生回答理解型问题，猜测出生词的意思；通过记忆型问题，学生回忆出自己猜测的过程，知道词义的理解需要对上下文及语境进行观察和思考；通过运用型问题，学生总结出了所运用的策略与技能的内容以及以后使用此策略和技能的环境。这样，学生在以后阅读的过程中，有目的地使用这些阅读策略与技能，少了盲目性，阅读能力得到提高。

（三）优化教学模式

目前，许多教师采用了"自下而上""自上而下""交互式"的三种教学模式。但令很多英语教师困惑的是这三种模式到底如何在阅读教学中开展，比如，阅读课堂中，教师喜欢用一些图片、音频等导入阅读主题，引发学生的讨论，可是这是"自下而上"还是"自上而下"？真正的英语阅读教学应该是教师组织阅读活动，这三种模式仅仅是阅读模式，而非阅读教学模式。教师在进行阅读教学设计时需要考虑如何选出合适的教学模式，不能死板地选择一种教学模式。

例如，问题式教学。

首先，创设问题情境。在开始教学之前，教师在对教学内容充分挖掘后，可从中提炼出可以形成恰当问题的疑问、课题，用引导性的方式抛给学生，或是学生在预习后，自行提出疑问，借助多媒体等现代化教学手段，营造浓郁的问题氛围。

其次，分析问题。教师在设计好问题或是学生从自身兴趣、疑难点角度，将之转化为问题形式后，让学生要学会思考"对这个问题，我已知哪些内容，运用这些内容，还剩哪些疑问，如何解决这些问题"，并针对此制订出相关计划，在小组内进行角色和任务分工，小组讨论，进一步细化待解决问题。

再次，解决问题。这一环节，主要是学生自主学习，对信息进行收集、整理和加工，小组成员相互交流所得信息、交换意见。在此过程中，小组成员间充分发挥主观能动性，运用已知解决未知，优化解决问题的方案。这一过程不可能一蹴而就，会在问题解决前出现反复的分析、探讨。这期间，教师应在学生需要点拨时施以援手，帮助学生。

最后，问题评价。小组对问题解决成果在这一环节进行展示，展示的形式要多样化：口头、书面、幻灯片等；展示的方面要全面化：不仅是结果，还包括解决问题的过程、亮点、难点、建议等；评价要多元化：学生自评、学生互评、教师点评等。评价也不局限在结果上，还包括资源利用、思维角度、协作密度以及展现形式等。

五、精心实施阅读教学

（一）加强语言意识的培养

语言是阅读教学中教师首先要注意的问题，虽然现有研究中对语言意识的关注度较高，但是教师往往呈现的是脱离语境的知识点，课堂内外的语言知识训练机械、单调、枯燥。

1. 从学生难点出发的语言教学

除了对教材中语言点的重点和难点进行分析，教师还应该综合考虑学生的实际情况，列出一节阅读课上词汇的重点难点、长难句，确定了语言知识的教学目标之后，选择合适的教学方法，如通过语篇语境让学生掌握较难的词汇知识、语法知识。

2. 以学生实际运用为目的的语言教学

语言知识学习的最终目的是运用，而不是枯燥的识记。教师在语言教学中往往忽视学生语用意识的培养。教师可以设计语言改写活动，在实践过程中增强学生的语用意识。

3. 以引发学生兴趣为策略的语言教学

英语阅读课堂语言知识点的教学形式不仅限于带读、识记，而应该是多种多样的。教师应该考虑学生的情感因素，多设计一些如背单词竞赛、抢答等活动激发学生兴趣，增强学生学习语言的动机，改善阅读教学效果。

（二）加强思维意识的培养

1. 建立深层次阅读任务

如果教师在课堂上仅仅提问语言表层理解的问题，设置难度较低的阅读任务，那么学生对文本的深层次理解能力和课后对问题的思考能力就得不到锻炼。教师建立深层次的阅读任务，可以增强学生的思维意识。教师在阅读教学中建立新颖的推理任务，激发学生的想象力，引导学生根据已有图片或者标题进行推理，培养学生思维能力。教师应抓住话题触发点，在文本解读基础上设计出深层次的问题。

2. 建立语境类任务

词汇、句法都是存在于一定的语境中的。教师应该利用文本语境培养学生的综合分析能力。比如，江苏高考题型之一为完形填空，这就是典型的语境类任务。学生须根据上下文体会语境，才能找出正确答案。这样的任务不仅能巩固阅读文本中的语言知识，而且能加深学生对课文的理解，提高学生的思维能力。

3. 鼓励学生建构知识

在阅读教学中，在学生掌握语言知识的同时，教师需要求学生利用已经学到的语言知识在脑中对文本阅读材料进行重组。建构知识也是一种创新活动，是对知识的整合再利用。建构知识的过程其实是一种思维的体现，学生在这个过程中可以使思维能力得到锻炼。

（三）加强策略意识的培养

1. 阅读策略的灵活选择

不同的文本具有不同的文本特征，所要求的阅读策略也不尽相同，同一文本载体的阅读策略不应在一条水平线上，而应根据学习情况、教学情境等来选择。另外，教学的主体是学生，学生间的基础各不相同，有的擅长宏观把握，有的擅长微观感知，这从客观上要求教师在进行阅读教学时，有时有必要将阅读策略进行细化，通盘阅读材料整体与细节关系的建立。否则，学生不能通过阅读策略学习解决问题，不能发挥学生在阅读中的主体作用，阅读效果可想而知。

2. 阅读前任务设计

在新课程教学中，鼓励学生探索、获取信息、解决问题。在学生开始阅读前，教师设计一些与阅读材料中的阅读策略高度相关的任务，以任务为驱动，促使学生自主地探索阅读策略。教师要发掘学生阅读动力，培养阅读兴趣。

另外，还要培养学生的预测策略。在教学的导入环节，教师可以向学生展示与阅读材料相关的图片、生词等，让学生根据已给信息对阅读材料的内容进行预测，小组进行合作交流、讨论。在阅读活动开展前，学生的阅读策略之一——预测技能已经得到了锻炼。

3. 阅读中有效的策略教学

在阅读中，教师把阅读策略的教学恰当地融入阅读教学中去。教师不仅要进行阅读策略方面相关的理论指导，还要对学生的阅读策略进行有效的训练，强化学生对阅读策略的应用，使其熟练掌握阅读策略，最终提高阅读能力。

首先是教师在教学过程中展示教学策略。根据不同的阅读材料，教师在剖析材料的基础上选择相应的阅读策略。

其次是阅读策略的反复操练。在阅读中，有很多练习阅读策略的机会。现有的高中英语常规阅读课上，教师一般会让学生进行三次阅读。第一次阅读为"略读"，也称为快速阅读，教师要求学生尝试找出文章的主题或主要段落来掌握文章的主要思想。这个教学步骤能够训练学生阅读速度和概括文章的能力。第二次阅读叫"找读"，也叫精读。在这个阅读过程中，教师布置了关于阅读材料的一些细节问题，以便学生能用问题来搜索答案。在这个过程中，学生的阅读技能得以增强，阅读能力也得以提升。第三次阅读是让学生从全局来分析文章脉络结构，理解文章，逐步培养逻辑推理能力，最终提高阅读能力。

4. 阅读后策略的巩固

阅读策略的培养是一个长期的过程，学生的阅读能力的提高必须建立在阅读策略的反复训练基础上。那么，在阅读后，教师要布置相应的阅读训练，让学生把从课堂中习得的阅读策略在课后的阅读材料中进行整合。教师设计课后的任务用来巩固学生阅读策略的学习，从而提高其阅读能力。

首先是复述并讨论课文。课后学生利用框架或者关键词对课文进行复述，复述的过程就是对文章更深理解的过程。然后进行小组讨论，使得学生对文章的理解上升到情感认知维度，有利于学生更好地达到英语阅读的情感目标。

其次是相应的课外阅读训练。教师选择与课文相同文体的阅读材料，强化阅读策略的应用，让学生能够通过课后训练内化阅读策略，具备灵活使用阅读策略的能力，最终提高高中生英语阅读能力。

六、提升学生阅读能力

（一）合作对话，提升理解能力

对话合作是一种交互的、动态的教学方法，始终贯彻着持续性的言语交流和观念分享。合作对话必然是语言教学中一种重要的交际方法，语言与对话有着紧密的联系，没有对话与言语，事物难以得到阐释和理解。同时，合作对话一定是交往双方基于理解的视域融合，对话合作指向于理解与融合，不同的会话者之间彼此尊重差异，同时又合作共享。视域融合并不是将自己的观点强加于别人，而是不同观念之间的检验与探讨。它甚至是创造的，是交往双方不同观念交流之后而建构创立的。对话合作倡导"鼓励每一个个体作为一个真实的存在者存在于这个课堂空间的，每一个个体是轻松、自在地处于这个空间的，能够真实地表达自己内心深处的声音"，是生生、师生间思维碰撞和心灵交流的动态过程。

"对话教学把教学方法理解为智慧或问题解决、社会互动与合作、个人风格与个性独特性三者的'合金'。这既体现了对话教学对'关系价值'的追求，又呼应了对话教学的知识基础——尊重知识的探究性、社会性和个人性。"因此，根据对话教学知识基础的三个维度，英语阅读探究教学中的对话主要表现为与文本的探究对话、与他者的交流对话以及与自我的反思对话。首先，与文本的探究对话。文本的解读本身就是一种对话性的实践，是读者与作者与文本世界的双向交流和互动的过程。教师在英语阅读教学中的任务，就是引导学生与具体作品产生交流。这种与文本的对话往往都是以读者的询问、联想、想象、反思等心理形态为媒介的，用以生成具体化、现实化、个性化的意义为目标。

其次，与他者的交流对话。他者既可以是同伴也可以是教师。与他者之间的对话"在相互作用过程中发生了什么，个体是如何接受相互影响，从而获得理解和意义的。归根到底，相互作用的分析，不是单纯的行为层面和行为连锁的分析，而是意义解释层面的分析"。人与人之间对于文本的理解和感知在范围及程度上都有所差异，与他者的对话正好为这种差异提供了"丰富"和"弥补"。对话分享了情感和经验，便产生了新的知识和理解。

最后，与自我的反思对话。阅读探究的过程之中，学生不是被动地进入文本世界，而是将个人的生命体验与文本进行融合，并试图构建体验的空间，在理解的基础之上进行自我解读。阅读中的自我对话就是自我构建的过程，学生学会自我监控、自我评价和自我反思以便及时了解阅读效果，进而对阅读进行适当的调节。

（二）批判反思，提升思辨能力

语言和思维有着紧密的联系，语言是思维的载体，表达和传递着人的认知活动过程。思维起源于对事物的疑问，是由人们对事物产生了好奇和困惑所引发的。英语阅读探究需要学生对阅读中的内容及有关问题进行反复、持续的深思，应具有一定的反省思维去"识别我们所尝试的事和所发生的结果之间的关系"。反省思维能使学生把课堂中所认知和探究的语言知识和文本材料统一起来，把阅读情境和文化体验等联系起来，使它们有机联结起来。它们之间有着紧密的逻辑，整体思维就是逻辑能力的体现，需要去思考和推敲。反思的过程是一个不断追求、探究的过程，去分析、推测和评价阅读文本的深层含义及情感价值。

学生的反思思维是批判阅读的基础。批判是对文本的进一步推敲、辨别、质疑和综合，是一种个体进行的鉴赏性活动。阅读批判是"对文本内容的深层次理解，包括解释和评价的技能，有助于读者分辨重要与非重要的信息，把观点和事实区分开来，并确定作者的语气态度和写作目的。同时，要通过推理判断推导出言外之意，并最终得出符合逻辑的结论"，反映了学生对于语言信息的理解和反思，有着明显的价值判断和价值取向。批判反思具有独特性，因为它是有创造性的学生主动思考的过程，不是对他者观点的全盘接受。批判反思也使学生具有了创造性，学生在对阅读材料反思的同时会不断提出问题，而问题是创造的前提，学生就通过不断提出问题来表达自我的新理解和新观点。

批判反思是阅读探究教学中的重要方法，是学生在理解本文的基础之上进行分析质疑评价的过程。真正的阅读者不仅要理解文章的字面意思，还要通过洞悉文本内容去探究、去识别字里行间的意义。对比是批判反思的一种策略，英语阅读的对比分析可以分为两个方面：第一个是纵向对比，即为文本内容自身的比较分析，将阅读材料的内部进行比较，发现其表述实体的差异和共同点，并总结出文章寓意的内涵和价值观的表达。第二个是横向对比分析，是指文章内容与外在元素的类比，通过跟相似内容的比较分析出其优点和缺点，通过差距进行调整提升或者达到理解共生。

七、基于行动进行课后反思

教学反思是教师对英语课堂教学的自我反思，教师要培养自我反思意识，提高自身专业化素养，善于发现日常教学中存在的问题，不断成长，不断进步。

（一）对教学目标进行反思

反思教学目标的设计在课堂中是否具有可行性和操作性，分别从三个维度来进行，即学生是否通过一堂课的学习，达到了语言、情感、思维三方面的培养目标。

（二）对教学过程进行反思

教学过程反思包含了整堂课中教师采用的教学手段、教学模式以及对教学效果的反思，找出不足之处。教师可以在此反思的基础之上，反复改进自己的英语阅读教学策略，提高教学水平，提高学生的英语阅读能力。

第二节　高中英语写作教学策略

一、产出导向教学策略

产出导向教学流程包括"驱动""促成""评价"。在课堂上，教师布置产出任务，学生尝试产出见这时是以输出为驱动，通过尝试完成产出任务，学生能够明确产出任务的意义，而且能够意识到自身的不足，这就激发了学生学习的内驱力，从而更加积极主动地进行输入性学习。教师在这时要提供输入材料引导学生学习，如相关阅读材料，学生带着产出任务进行学习，以输入促成产出。最后，对学生的产出成果采用"师生合作评价"的方式进行评价。在整个教学过程中，教师起主导作用。

（一）驱动

驱动，可以视作为产出准备导向，这是写作教学活动顺利完成的准备工作，也是一节课成功与否的关键环节。有效的驱动在一定程度上可以激发学生长足的写作学习动力，是写作教学成功的立足点。该环节主要包括四部分，即教师设计产出任务、教师筛选输入材料、教师呈现产出任务、学生尝试产出。

其中，第一步和第二步是教师在上课前需要完成的步骤。就本书而言，设计产出任务，也就是教师要选择写作任务。需要说明的是，因为高中生面临高考压力，加之学校也有规定的课时进度，所以输入材料主要以教材内容为依托。

教师呈现产出任务、学生尝试产出，这是课上需要完成的步骤。这两步是激发学生学习内驱力的关键。教师在上课时说明本节课的写作任务，学生尝试产出。学生在尝试完成任务时，可能由于相关背景知识不足、词汇匮乏等自身的不足而产生对学习的"饥饿状态"，从而更加积极主动地投入接下来的学习，这时学生的学习内驱力便被成功激发。此外，为保证高中生长足的学习动力，还需要借助外驱力的作用。

（二）促成

输入促成这一环节是指在成功激发学生学习欲望后，教师要即时提供输入材料并指导学生进行选择性学习，学生利用所学知识完成产出任务。该环节包括两部分，即教师提供输入材料引导学生学习、学生完成产出任务。

首先是教师提供输入材料引导学生学习。教师引导学生进行相关文本的阅读，此教学过程分为三个子环节，分别聚焦于内容、语言形式、篇章结构的促成。以议论文为例，在内容方面，引导学生通过阅读文本概括文章大意并识别争议焦点，小组之间就争议焦点进行辩论，表达个人观点。语言形式方面，根据选择性学习假设，重点学习能够为产出任务服务的词汇、短语和句型，在学习过程中进行针对性练习，教师给予指导并检查。阅读文本中没有涉及但是完成任务需要的，教师进行额外补充。篇章结构方面，教师引导学生学习文章段落与段落之间的关系、议论文的逻辑结构以及语篇的衔接手段，在这个过程中进行选词填空练习，教师给予指导并检查。

其次是学生完成产出任务。学生将所学的内容即时应用到写作任务中，完成写作。

（三）评价

评价分为即时评价和延时评价。教师即时评价应用在驱动环节即学生尝试完成产出任务表达观点时，以及在促成环节教师对学生练习情况进行的检查评价。延时评价是采用师生合作评价的方式，对学生提交的产出成果进行的评价。延时评价的步骤如下：

在课前，教师审阅所有学生的产出成果，然后找出写作成果可改、可评的中等质量的作文，又称典型样本，师生共同学习作文评分标准。

为使评价切实可操作且按照学生发展性原则进行，高中生英语作文评价标准分为主客观两方面：首先是客观方面，按照全国卷高考英语作文评分标准，重点评价作文内容是否切题、语法结构和词汇是否正确以及作文中衔接手段的使用；其次是主观方面，学生作文的思想性和批判性，即学生能否就某一话题清楚地表达自己的观点并能够合理地论证自己的观点以及是否能够形象地传递自己的思想和情感。

教师把没有批注过的典型样本投影在大屏幕上，但这些样本要去掉学生个人信息。学生先自己进行评价然后小组内讨论评价，最后教师引导全班合作评价，增强学生对典型问题的注意程度。

二、过程写作教学策略

（一）写作前准备阶段

此阶段需要教师引导学生对主题内容进行讨论等热身活动，主要是激发学生的写作兴趣和明确写作目的。教师还要给予学生一定的时间来收集素材和讨论主题，从而打好腹稿。

教师想要实现"热身"目的，就需要创设一些有趣的活动，如头脑风暴法、快速自由写作法、集束法、"5W1H"提问法等。

头脑风暴法，即鼓励学生针对主题大胆表达自己的观点，而不用考虑观点正确与否，并要求在有限时间内列出提纲。

快速自由写作，即在有限的时间内，学生需要根据写作主旨快速而独立地写出相关的词汇、短语。其目的在于促使学生的大脑瞬间开始快速运转，开启思维模式，一般时间限制为一两分钟。

集束法以主题为主轴，相关的词汇围绕主轴展开。这能充分引导学生展开联想，对于那些想说但又不知从何说起的学生来说非常有效。

"5W1H"提问法，即要求学生围绕主题对 what、where、who、when、why、how 等进行提问。

除了以上所讲四种方法外，收集材料的方法还有很多，学生可利用多媒体、访谈和问卷等来进行。

（二）写作中信息输出阶段

通过教师写作前准备阶段的铺垫，写作阶段就是学生用自己的语言完整地表达思想的过程。在该阶段，教师可以给学生列出某些写作中常常用到的习惯用语和套话，如表示承上启下的连词或短语：what's more，besides，not…only…but also，however 等。开始实施阶段，教师针对不同的写作内容，示范如何列提纲，对于基础较差的学生还可以给出一些相关词汇的提示。在这一阶段，教师不要过多地要求语言的准确性，最重要的是如何表达意义、表达思想。

（三）写作后修改阶段

写作能力不仅指写成文章的能力，而且还包括修改能力、评判能力、总结经验教训的能力等。修改是写作过程中非常重要的一环，"它能培养学生的读者感，培养对潜在读者阅读期望的考虑"。修改是让学生有机会对自己的作品进行再思考、再升华，是真正提高写作能力的有效途径。传统的结果教学法下的学生书面表达的写作评价成了教师的专利，学生对自己的作品没有反思的空间。教师通常给学生的只是一个简单的分数，没有详细地对各个部分进行评定。学生得到的只是一个模糊的写作反馈信息，学生的写作能力并不能得到真正的提高。过程写作法重视写后活动，包括修改、重写、校对等方面。为了有效地对学生作文进行批改，这一阶段的教学主要由三个方面的步骤构成，即同伴互评、自我修改、教师反馈。

在修改之前，教师应给出修改的指导意见，不能让学生随便改，否则起不到完善的作用。教师可以提供给学生诸如自评和互评的评价表，并针对具体的语言错误给出修改方法。

1. 同伴互评

实践表明，由于定式思维的影响，大多数学生难以发现自己写作中的错误与问题。所以课堂上的同伴之间相互评论纠错十分重要。每次作文课，教师让学生在写作完初稿后分小组讨论，根据修改标准相互修改，并写上评语。学生可以根据同伴的评语再次进行自我修改，臻于完善，这样促进了学生对写作内容的自我反思。

分组应注意学生的混合编排，每小组中学生的成绩尽量达到均衡。组内相互修改文章的过程，能有效提高学生的表达能力、错误辨别能力，同时也对评价者避免自身犯同样的错误起到了警示作用，也是自我提高的过程。通过对小组同伴习作的评论，便于自己在写作过程中借鉴他人的优点，从而提高写作能力。此外，还有助于学生养成互学互帮的好习惯。

2. 自我修改

写作后的自我修改是写作教学的一个必不可少的环节，而部分学生容易对其忽略，因为他们认为自己已经完成了写作任务。学生是整个写作过程中的主体，所以学生应当进行自我纠错。在日常的写作课堂中，当教师要求学生修改初稿时，大多数学生不在乎修改的重要性，而匆匆读完习作，完全不能发现自己的错误表达，因为他们已经熟悉定式的错误表达，无法进行纠正。

3. 教师反馈

此阶段的完善需要通过师生信息互动。教师的分数、评语是为了让学生清楚地认识自己在写作中的不足，希望学生能通过评语发现问题，及时纠正错误，避免类似错误再次发生。其实，教师可以在时间允许的情况下尽量做到再次审阅和评价，并挑选出各种典型习作统一评价，充分发挥点评的导向功能。点评过程中，先让学生小组讨论找出这篇短文的"闪光点"，并对学生进行嘉奖鼓励，逐渐让学生体会写作之美，再让学生对习作的不足进行修改。教师标出学生习作的"亮点"，这样既可以激起学生的写作欲望，同时也可以增强其英语学习的动机和自信。

（四）编辑终稿阶段

该阶段是写作的最终加工整理和句子美化阶段，它可以再次突出主题，起到画龙点睛的作用，是学生根据教师的点评经过不断反思，对文章进行不断的检查和修正而最后编辑定稿的过程。在此阶段，教师可选择恰当的例句有意识地帮助学生学习如何进行修改、润色练习。

同时，教师可选择展出优秀习作，鼓励的同时为其他学生提供学习借鉴。教师也可以摘录每个学生最好的一个句子组成一篇范文，供大家参考学习，这也说明了写作出彩的多样性，帮助学生减少写作难的心理负担。

过程写作法的这四个阶段不是直线排列的，整个过程是循环往复、交互渗透的。在任何一个写作阶段，学生都可以回到上一个或者最初阶段，比如学生发现自己拟定的提纲还有待进一步完善修改，就可以再次回到第一阶段。

三、以读促写教学策略

"以读促写"旨在把阅读教学与写作教学很好地结合起来，从而达到提高学生写作水平的目的。这里主要是基于"以读促写"提出了几点相应的教学策略，包括教师在日常教学中要注重提高学生的连贯与衔接能力，帮助学生建立英语语篇的写作图式，加强对写作提纲的训练，以及平时引导学生多进行范文模仿及缩写训练。

（一）提高学生的连贯和衔接能力

1. 加强衔接词的使用

众所周知，衡量一篇作文是不是一篇好的文章的一个很重要的标准就是看文章是否连贯。也就是说，一篇好的作文不应该是简单地把句子罗列到一起，而是有条理、有逻辑地表达自己的观点。学生的作文大多数读起来缺乏条理性，语义不连贯，那么改善这种情况的一个有效办法就是准确使用衔接词。

2. 加强课堂写作训练

对于写作训练，教师首先给出话题，学生可以进行小组讨论，给出主要观点，然后教师将学生说出的观点汇集到黑板上。例如：

topic：living in a city

Key points：

（1）Both have certain advantages and disadvantages.

（2）Advantage：easier to find work；higher living quality；convenient.

（3）Disadvantages：expansive；traffic jam；noisy and dirty.

当教师给出"living in a city"这一话题让学生进行讨论时，以上可能都是学生给出的关键点，那么学生可以把关键点扩充为一个个句子，从而组成一篇完整的文章。当然，在这一过程中教师要提醒学生注意语篇的连贯与衔接，不能简单地把句子罗列在一起，那样写出来的文章不能称之为篇章。在给学生一定的准备时间后，可以先让学生进行口头作文的练习，即把自己要写出来的东西在全班学生面前先表述出来，这样也能很好地锻炼学生的口语表达能力，之后再给学生时间进行具体的写作，旨在让学生把头脑中的想法落实到作文中。在学生写完后，教师再找出相对好的范文进行全班评析，让学生有所收获。本环节旨在提高学生写作的连贯性，巧妙地运用恰当的衔接手段写出好的文章。

（二）建构英语写作语篇的结构图

学生在写作中往往存在着这样一种现象，即他们正确使用了单词和句型，但文章从整体来看缺乏框架结构性，看着相对松散。那么作为教师，就应该在平时鼓励并帮助学生建立英语写作的结构图，并为学生提供不同写作题材的范文，如说明文、记叙文、议论文、应用文等，并通过让学生读这些经典范文，总结每一种文体在写作中需要注意的问题，以及应该遵循怎样的原则去写。

（三）加强写作提纲的训练以提高谋篇布局的能力

提纲在英语写作中是具有重要作用的，可以说一篇好的作文离不开提纲。加强写作提纲的训练有利于让学生在写作前先弄清文章的结构，通过这种训练可以提高学生写作过程中谋篇布局的意识及语篇意识，从而使所写文章是一个连贯的整体，结构完整。而且，在进行写作提纲的训练中，学生也能掌握不同体裁的写作结构图式。所谓提纲，就是在写作前把作文中自己要表达的观点有层次地分条列出来。这样学生能够在写作过程中表达得更清晰，结构上更完整。然而，通过对学生进行调查，结果显示大多数学生没有列提纲的习惯，并没有认识到一个好的提纲对写作的重要性。学生看到作文题目后往往是匆匆下笔，边写边想，文章缺乏整体性，这样就很容易遗漏关键的信息点。那么在教学中，首先要让学生意识到提纲的重要性。此外，学生通过阅读范文可以发现好的文章都是层次清晰、步步深入的，从而培养学生养成列提纲的习惯。以下是有关怎样列好提纲的三点建议：

一是牢牢把握写作的主题。也就是说，文章的所有内容都是为一个中心而服务的，一篇好的文章是紧扣主题的。当然，所列的提纲也要紧紧围绕文章的主题，保证提纲里面所涵盖的点都是与主题相关的。

二是仔细找寻信息。如果是作文题目中有具体要求的，一定要确保涵盖题目中的所有信息点。如果是议论类，那就要在头脑中仔细筛选出能够支持自己观点的论点，以及相应的论据。

三是认真罗列提纲。这一环节也是至关重要的，提纲的罗列一定要清晰、有层次性。如果是记叙文，那就按照时间的先后顺序罗列提纲；如果是议论文，那就可以按照论证的顺序来罗列。

当提纲的重要性逐渐被学生认识到，他们就会更重视提纲的作用。当然，在平时的教学中，对于每一篇文章主要内容的概括以及分段并概括段落大意，也能很好地锻炼学生撰写提纲的能力。另外，教师要在平时讲解阅读文章时，多传授相关的语篇知识，让学生形成对文章的整体意识，能深入剖析文章结构。这样长此以往，学生会潜移默化地在自己的写作中开始重视提纲的重要性，也更容易写出优秀的文章。

（四）进行范文模仿及相应的缩写训练

基于范文的英语写作教学是以范文的模仿为核心的，而对范文的仿写就是指对文章的结构以及比较精彩的语句进行模仿写作。在这一过程中，学生会去运用他们觉得可以运用的句子结构或短语，当然也增强了学生对一些可借鉴句型短语的记忆。通过对不同类型范文的模仿写作，学生可以掌握不同体裁的写作图式，包括具体的内容以及结构，在以后的写作中遇到类似话题就可以很好地运用到作文中。当然，在此过程中应该有教师的指导。在学生进行范文模仿之前，教师与学生一起对范文进行深度剖析。

1. 教师指导

范文模仿的第一个环节就是教师指导学生对范文进行赏析。教师不仅要指导学生从宏观结构上把握文章，更要注重文章中好的句子、选词的精妙等，让学生通过范文知道自己要掌握什么、哪些地方是值得学习的，这样学生才能写出高质量的文章。教师也要根据教学的要求，善于选取不同体裁、题材的范文来让学生进行模仿写作训练。范文也要参照学生的写作水平来选择，要在学生可接受的范围内。范文可以从教科书中的文章或高考作文，以及平时写作中学生的优秀作文中选择。

2. 学生仿写

通过与教师进行范文的分析，接下来就是学生的仿写过程。以下是对学生仿写过程中教师应给予的建议：

第一，不要盲目动笔，要多思考。教师给出仿写题目后学生先要审题，这是很重要的一步，一定要细致。

第二，注意选取恰当的衔接词。在写作过程中要善于选择恰当的衔接词来提高文章的连贯性。

第三，除了固定句型的仿写，也要模仿文章的结构。除了在自己的写作中尝试运用范文中的经典的句型、短语等，也要注重自己文章的结构安排的合理性。

第四，切记不要把模仿变成抄袭，要有自己的观点，在仿写的过程中要保持自己文章的特色。

以下是一篇应用文的范文：

假如你是李华，你校的外教 Jack 先生本打算本周日在他的公寓举办一个晚会，并邀请你参加。但你有其他事，不能去参加，请写封信表示歉意，内容包括：

1. 对无法参加晚会表示歉意；

2. 解释不能参加的原因。

Dear Jack，

I'm sorry that I can't attend the party to be held this Sunday evening at your apartment. It is a great pity that I will lose this opportunity to talk with you.I am writing to you to show my apology.

I do hope you can understand me and excuse me for my absence.I will be very grateful if you are kind to listen to my explanation.My best friend will come to visit me and we are going to attend the class party with my middle school students on Sunday evening.Because we have made this agreement two weeks ago so I can't miss.

I do hope that you can understand me and accept my apology.

这是一篇道歉类的应用文，在学生与教师赏析完范文后，教师就可以布置一篇关于表达道歉的应用文，学生就可以参照范文进行写作。

总而言之，教师在平时教学相关阅读文本时，就应注意向学生渗透相关的文体结构知识、文章如何布局、段与段之间的逻辑关系以及语言形式、衔接手段等内容。这类内容的经常出现形成了一种强化积淀在学生的头脑中，在写作文时，根据相关线索便能轻而易举地提取出来，而不会出现"书到用时方恨少"的抓耳挠腮之状。

当然，教师只传授相关知识还是不够的，关键还是要学生发挥自己的主观能动性将这些知识内化成自己的东西。课堂中，教师针对相关的语言形式和衔接手段等内容进行练习，课下就需要学生"背诵课文"，将词汇和语法融入句子、课文中，具体的情境会帮助学生提高写作的语言质量。

第三节　高中英语听说教学策略

一、"非常 6+1"高效模式在听说教学中的应用

"非常 6+1"高效课堂模式包含了"6"个主要课堂环节，其基本内涵是在课堂教学过程中，抓住"导、纠、探、展、评、用"六个环节，实现"一张纸"教学效益的最大化。"一张纸"是指教师在课前反复推敲、精心简化、设计编写导学案。导学案主要包括课前预习案、课中探究案、当堂训练检测和课后巩固提升，编写的目的在于充分引导学生进行高效自主学习。

"非常 6+1"高效课堂模式的六个基本步骤包括课前读书自学，进行自主探究；课中完成导学案，进行二次探究；小组合作，讨论解惑；展示点评，总结升华；当堂检测，迁移运用；课后自我完善，训练巩固提升。具体操作如下：

（一）"导"（约 1 分钟）

指的是导入环节，一节课开始后，教师开始进入导入和导学环节，给学生展示导学提纲。导入的形式多样，可以通过复习旧知识提出新问题自然导入，或者联系实际导入，或设计新问题情境导入。之后进行导学，即利用多媒体投放学习目标，本课考点、重点和难点。如需要也可以解读学习目标，包括知识目标、能力目标、情感态度价值观目标。

（二）"纠"（约 7 分钟）

学生对照答案，进行自我修正，为接下来的学习做好知识储备。导学案通常都是提前发到学生手中，要求学生按要求完成自主预习部分。自主预习要求学生阅读教材，查阅学习资料，进行知识梳理，做好预习笔记。课中教师投影答案，学生自我修正。之后教师解答学生自主预习中存在的问题。为掌握学生的预习效果，教师通常要全部批改或部分抽改学生的学案，上课投影典型学案，以便做到在教学过程中有的放矢。

（三）"探"（约 10 分钟）

学生进行探究是课堂的重要环节，其中包括自主独立探究和小组合作探究。自主独立探究要求学生先静下心来思考，形成自己的基本思路，明晰自己尚不清楚的问题。小组合作学习是大多数高效课堂所具备的基本环节。合作探究时，组员各抒己见、取长补短，最后集大家的思路形成统一的意见和最合理的解决问题的方案，并为接下来的展示做好准备。学生在小组讨论中，与组员进行知识交流和思想碰撞，在碰撞中激发自己的思维，达到相互学习、共同促进的目的。教师在此过程中要巡回督查，适当点拨学生的一些疑问。

（四）"展"（约 8 分钟）

学生将小组讨论的成果予以展示，可根据具体内容采用不同的展示方式，如口头展示、书面展示、投影、表演、课本剧、演示实验等多种方式。在此过程中，教师要对展示学生进行肯定、诱导，调动学生的学习热情，并鼓励其他学生大胆质疑、补充和提供不同的思路和见解。

（五）"评"（约 6 分钟）

这是继课堂展示之后的一个必要环节。点评一般遵循的原则为先生后师，即先由学生点评展示的内容，先说对错，再讲述理由，说出自己的观点，回答其他学生的质疑，必要时教师予以帮助。教师主要在学生点评完之后，进行综述、小结，并予以拓展。教师在点评中主要是总结方法、规律，讲思路，讲线索，讲框架。

（六）"用"（约 8 分钟）

学以致用是课堂教学的根本目标。这一部分是教学的最后环节，通常由当堂训练检测和课后巩固提升练习组成。学生在经过一系列的学习过程后，是否真正实现了从"懂"到"会"、从"会"到"用"的转变，还需要进行实践检测。在完成当堂检测的过程中，教师可以了解自己的教学效果，并进一步梳理解惑。课后巩固提升视教学内容、教学进度和学情的需要，要求学生课后完成，教师予以适当批改。

以上就是"非常 6+1"高效课堂模式的具体操作步骤。"非常 6+1"高效课堂模式，突出了建构主义学习观中以学生的主动学习为主的课堂教学理念，同时强调学习的社会互动性，通过合作学习来促进学习。

二、活动教学模式在听说教学中的应用

目前英语听力教学研究中普遍存在一种看法，即教师在听力教学过程中普遍关注于语言材料的理解，但是并没有进一步地提高学生的语言能力，忽略了听力的语言习得功能。从某种程度上来说，听的行为和过程并非单独为了理解，更是为了学习语言知识，并将语言习得结合在一起。进行听力教学过程中，教师可以利用活动设计，使学生的注意力转移到听的文本语言特征中，并将其吸收，纳入自己的语言中。

顾名思义，活动教学要求教师根据课程要求和学生的实际情况，设计出一套最优的教学情境，让学生自己参与。活动型教学中，学生通过自己的能力来获取知识，通过手脑并用，让学生的各个感觉器官参与进来。视觉、听觉、触觉等感官协同起来，才能更好地获取课堂知识。可以看出，在进行活动型教学时对教师和学生的要求是很高的。尤其对于教师，教师要在课堂前做好相关材料的准备与教案的编写，在实际的课堂教学中，也要根据实际情况，果断地采取相应的措施，抓住机会对学生进行积极教育。活动教学相对于传统教学的特征，主要为以活动促教学的模型。它主要的教学形式为学生的自主活动。教师在学生自主活动的过程中，加入技能性、情感性和问题性的知识，让学生在开放的实践中，更好地获得相关知识。活动教学法是对传统教学的改进，对于教师和学生具有重要意义。活动教学具有能力发展功能，即有助于学生动手操作能力、创造思维能力的提高。活动教学具有人格完善功能，即有助于学生人格的完整和个性的完善。

根据《活动教育引论》中的论述，实践性、开放性、整体性、自主性和创造性为活动教学法的基本特性。实践性是指活动要具有实践意义，要让学生通过看、听、说、摸等多

种感官去体验和感受，而不是一味地进行口头教授。自主性则是活动教学法的灵魂。活动教学法力图通过丰富多样的活动激发学生的学习热情，让学生自愿学习，自主探究，自我总结，自动提升。开放性则指学生不能在一个封闭的空间中学习，应该让学生到自然、到社会、到生活中去学习，去探索，去发现，去应用知识。此外，教师还应该充分运用最新的科技知识，打破时间和空间对学习的限制。创造性要求教师不断更新自我的知识和教学手段，组织开展新的具有挑战性和思考性的活动，注重培养学生的创新能力。

第五章　新课标背景下高中英语课堂管理

第一节　课堂目标管理

一、对课堂管理失控的分析

课堂管理失控，是指在课堂教学中，由于教师主观因素的影响，使教学机制不能正常运行，导致课堂教学不能达到预期的目标。对课堂管理失控的分析，主要包含以下两个方面的内容：

（一）课堂失控的类型

1. 度与量的失控

度的失控，是指教师在课堂教学要求的程度，即教学速度和训练强度方面，引起的教学不足。有时，因教师教学速度太快或太慢，训练的强度太大或太小，使学生无法承受或太轻松，导致学生掌握新知识不扎实，囫囵吞枣，而不能完成教学目标。为了避免度的失控，教师在教学中，导入新课要快，讲授新课稍慢。在巩固练习的训练阶段，其训练的强度既要能达到符合学生认知规律所能承受的程度，又要不至于过分超重，根据信息及时反馈的原则，使课堂教学达到有效地控制。

量的失控，是指教师在安排课堂教学内容的数量和质量方面，引起的教学不足。在教学中，有时会因教师对教学内容数量安排的密度过大或过小、课堂活动的难度太大或太容易，使学生无法解答或感到乏味。这些因素的存在，都会影响正常教学。为了避免量的失控，在备课时，教师要根据本课内容，认真钻研教材，抓住重难点，紧扣教学目标要求，在合理设计教学结构和选择最佳教法的同时，考虑学生的实际情况，考虑教学内容的数量密度适中，使课堂活动设计有层次和有梯度，使不同层次的学生都有所提高。

2. 教法的失控

教法的失控，是指教师在课堂教学中，出于教育教学方法方面的原因，影响到教学的正常运行。在教学中，有时会因个别学生违纪、教师教育方法不当，使学生产生消极对抗的情绪，师生矛盾阻碍教学；有时会因教学方法不当，使得学生对新知识掌握不熟；有时会因课堂活动时间过长，影响巩固练习；有时会因课堂讲授单调，使学生厌学等。这些因素，都会对教学的正常进行产生不良的影响。

为了避免教法的失控，在教学中一旦遇到违纪现象，教师要根据实际情况及时地对学生进行正面教育。更多时候，需要教师进行冷处理，即课后解决，以避免教育学生时间过长或师生矛盾激化影响教学。教学设计要真正体现"为了一切学生"的原则，通过先进的教学手段、新颖灵活的课堂形式和多媒体辅助教学的教学形式，使课堂教学丰富多彩。

3. 情绪的失控

情绪的失控，是指教师在调控课堂教学情境方面的因素，出现的教学"失态"。在教学中，有时会因教师教法单调、枯燥，缺乏教学艺术、技巧，使学生情绪低沉；有时会因教师课前心情不佳，影响教学气氛，使学生情绪受到极大的压抑，在伴随着"急风暴雨"随时而来的特定环境中，提心吊胆地度过这"漫长"的一节课；更多时候，是因为个别学生出现问题，对教师上课心情产生影响，进而造成教师情绪失控。

为了避免情绪的失控，在教学中，教师应有意识地发挥学生非智力因素的潜在功能，让学生口、脑、手等多种感官参与学习，捕捉学生一闪即逝的闪光点或某种良好的学习习惯，并给予及时的鼓励，最大限度地激发学生的求知欲望，使学生始终心情愉快、精神饱满，力争达到教师情绪高涨，学生兴趣盎然，师生情感交融的佳境。

4. 知的失控

知的失控，是指教师在传授知识的失误方面的因素，引起的教学"脱轨"。在教学中，教师对教学信息加工、处理的失误和教学演示及操作的失误，将会导致课堂教学的严重失控。这类失控，对教学的危害极大，后果严重。究其原因，主要是教师对教材理解不透，课前准备不充分导致。为了避免知的失控，教师在课前准备时，要吃透教材，注意教材内容同化与建构之间的联系，全面掌握教学教材知识的纵横结构，形成知识网络，真正理解每节课内容的内涵和外延，做到横有广度、纵有深度、成竹在胸，在教学中运用自如、不乱方寸，能驾驭教学。在课前，教师必须熟练掌握要讲授的知识，切不可似懂非懂，全凭临场发挥。教师要真正做到讲授知识准确，教学演示及操作正确熟练。只有这样，教学效果才能最佳。

（二）从课堂管理失控看课堂管理目标

课堂失控类型，既有教师教学中度与量的失控，又有教师教学方法、处理课堂问题行为时情绪的失控，还有教学中的失控。通过对课堂失控类型的分析，我们可以看出，导致教学失控的因素是多方面的，比如，由于教学抓不住重难点而导致的度与量的失控；由于教学经验不足、备课不充分而导致的知的失控；由于教师的应变力不强，使其对教学中节外生枝的课堂问题行为束手无策等。其关键因素，是任课教师对课堂管理目标认识的混乱。

目标管理，是在现代管理理论中的一项重要内容。其基本理论，是把组织的目的和任务转化为目标，积极创造条件，使个人的目标与组织及其成员进行管理，进而实现管理与被管理者同心协力的全员管理。在课堂教学中，教师与学生、个人与组织融为一体的教学形式，是有目标和有任务的教学活动，它具有目标管理的条件，可以实行课堂目标管理。

目标具有指向作用。在每堂课中，教师要使学生有所得。一堂课有了具体的目标，就等于师生明确了主攻方向，师生就会统一意志、统一步调，教学任务才能完成。此外，目标还具有标准作用，可以用来对质量进行评价和调控。课堂教学效果到底如何，最后要以目标作为检验成效大小、差距多少和质量高低的标准尺度，可见，目标不仅是一堂课的出发点，而且是判断教与学的结果、检验教学成效的标尺。在质量管理过程中，课堂教学的控制，是重要的一环。要想达到预定目标，必须明确如何确定课堂教学的目标。只有这样，才能实行更有效的控制。为了预防和减少课堂管理失控现象的出现，任课教师必须明确课堂管理目标，不断提高课堂管理技巧，加强自身在教学中应变能力的培养。

二、课堂目标管理

课堂管理失控，会给教学带来严重影响，进一步影响课堂管理目标的实现。实际上，在不少情况下，正是由于教师对课堂管理目标认识的混乱，导致课堂管理的失控。因此，明确课堂管理目标，有利于预防和减少课堂管理失控的出现。一般认为，课堂管理是为了建立课堂秩序。其实，课堂管理秩序本身并不是课堂管理的目标。只是为了使学生保持安静和有序而进行的课堂管理，是极其错误的。那么，为什么我们要这么重视课堂管理呢？课堂管理的目标，主要有以下三个方面：

（一）争取更多的时间用于学习

课堂管理的一个重要的目标，是尽量争取时间用于学习。毫无疑问，学生花费的学习时间越多，学习成绩越好。当然，学习的时间资源并不是无限的。一学年有多长，一学期有多少周，一周有多少天，一天有多少时间，有多少课堂时间用于教学，多少时间用于自习，多少时间用于午休、课间操和打扫卫生等，学校都事先做出了明文规定和安排，教师不得随意改动。正是在这个大前提下，探讨在规定的教学时间中，在课堂上为学生争取更多的学习时间。第一，分配时间，就是教师为课程设计的时间。课时，一般是由学校教务部门根据课程标准和学校实际情况规定的。第二，教学时间，是在一节课内完成常规管理，以及管理任务，如记考勤、处理课堂行为问题等之外用于教学的时间。第三，投入时间，也称为专注于功课的时间，属于教学时间，是学生实际上积极投入学习或专注于学习的时间。第四，学业学习时间，属于投入时间，是指学生以高度的成功率完成学业功课花费的时间。

对于一些学生来说，学业学习时间大大少于分配时间。许多研究表明，学生课堂学习时间的质量，如投入时间和学业学习时间，与他们的成绩呈明显的正相关。分配给教学的时间并不如学生投入学习的时间，以及完成学习的成功率那么关键。教师可以让学生投入教学，但如果学生不学习材料，这种投入显然对学习成绩毫无用处。因此，为学生争取更多的学习时间的真正含义，就是使学生投入有价值的学习活动，从而提高所用时间的质量。争取更多的时间用于学习，既可以通过直接的方法，又可以通过间接的方法来实现。既然争取时间是课堂管理的首要目标，那么课堂管理的所有措施都可以看作争取学习时间的间接方法。而直接方法，则与争取时间直接有关。当然，这些方法也实现了课堂管理的其他目标。至于分配时间，是课表上安排的，很难改变，没有什么方法可言。

从前面定义中我们可以看出，分配时间是指全班学生参加学习的机会；而投入时间是每个学生实际上花费在学习功课上的时间，它取决于学生对功课的注意和意愿。课堂自习，为学生提供了一个最好的个别辅导的机会，但教师不要在个别学生上花费的时间太长，和学生的交流应当尽可能简短。否则，班上的其他学生就可能敷衍了事或者陷入难题之中。学生对课堂自习的投入，与提供功课的多样性和挑战性有关。如果教师只是为了不让学生空闲而布置作业，学生会抵触这个作业。如果教师想让学生长时间认真做作业，这个作业就应当难度水平合适，并且要有趣和多样化。当然，作业不能太难，要让学生能在完成作业中体验到高度的成功感。教师要在挑战性水平和成功可能性之间进行平衡，否则，作业虽富于挑战性和多样性但成功率低，学生也是不会好好学习的。值得注意的是，在争取更多参与学习时间时，要防止"假参与"的倾向，即不从教学需要出发，而是为了参与而过分强调参与，反而会妨碍学习。如果一味地追求较高水平的专注功课的时间而避免复杂的或不稳定的任务，这种教学策略显然是不好的。维持课堂秩序，虽然是"教"的一个很重要的目标，但是它只是众多目标中的一个。

（二）争取更多的学生投入学习

每一个课堂活动，都有其自己的参与规则。对于这些参与规则，有些教师会做出明确的表述，但有些教师不会做出明确的表述。教师和学生都没意识到，他们在不同的活动中要遵守不同的规则。这种差异，往往是极其细微的。例如，在有些课上，学生要想回答问题，首先要举手；而在有些课上，则不需要举手，只要看教师行事就行。这种规定，通常被称为参与结构。它规定，学生要成功地参与某一个活动，就必须理解参与结构。在学校中，有些学生比其他学生的参与性要好。众所周知，学生在家中与家人之间的交往也有一个参与结构，有些学生在家中的参与结构和在学校活动时的参与结构不一致。例如，在有些学生的家中，家人在谈话时，每个家庭成员都可以随时插嘴。然而，在学校的交流中，这会被看作是打断别人的谈话。因此，为了使全体学生都顺利投入学习活动，教师一定要确保每个人都知道如何参与每一个具体的活动，使他们知道这个活动的参与结构。

（三）帮助学生自我管理

任何管理系统的一个目标，应当是帮助学生能很好地管理自己。当然，鼓励学生自我管理，可能需要额外的时间。教学生如何对自己负责，可能不如教师自己关照所有的事情的效率那么高，但是这种努力是值得的。那么，如何让学生对自己的课堂行为进行自我管理呢？首先，让学生更多地投入课堂规则的制定；其次，用较多的时间要求学生反思需要某些规则的原因，以及他们不良行为的原因；再次，应当给学生机会考虑他们将怎么计划、监视和调节自己的行为；最后，让学生回顾一下课堂规则，提一些必要的修改建议。有人指出："学生对课堂事件有着不同的解释。"因此，任何管理体系，都一定要针对不同的学生做出适当的修改。例如，有些学生需要教师对他们不专心学习提供较多的信号和警示。当然，如果教师承担了所有的诸如此类的管理责任，那么学生就不可能学会自我调控和自我控制。

新课程呼唤充满生命活力的课堂，它要求教师明确课堂管理的目标，为学生提供顺利成长与发展的土壤，使教学成为以"学生个性发展"为中心的育人行为，使课堂充满学生情感、智慧和人格成长的阳光雨露，让课堂成为师生生命的"绿洲"。

第二节　课堂环境管理

一、课堂物理环境

（一）教室的布置

环境，具有潜移默化的功能。布置一个恰当的英语环境，有利于学生的英语学习，可以提高学生的英语学习兴趣，直接增进学习效果。当然，教室的布置还应考虑到其他学科的教学，随时充实内容、改变形式，以提高学生的学习兴趣和教学效果。

1. 教室布置的内容要素

教室布置的内容要素，主要包含五个方面：一是课桌椅的排列；二是班徽和班训等；三是英语墙报和手抄报；四是图书柜和报纸夹；五是班级英语网络日志。

2. 教室布置的方法

教室布置，不应是为了布置而布置，而应是为了配合学生学习的需要。所以教室的布置，要体现出学习效果。第一，事先计划。由师生共同参与全学期各个单元布置内容和预定进度的讨论和决定。第二，分组进行。师生在确定布置的形式之后，将全班分成若干组，每组选一个组长，策划该组的布置工作。在布置之前，组长先将布置构想及所需材料，向教师做书面或口头说明。第三，从旁指导。每组在拟定布置内容和选用材料之前，教师应先向学生稍加提示，使其布置内容规范、设计合理。第四，材料来源。教学单元的布置，应以实物、模型或图片为主。对于不容易收集的资料，可以由全班学生共同收集，甚至通过家长或社会资源的协助来完成。第五，定期更换布置或不定期更换布置。

（二）课堂座位的调整

课堂座位，对学生的课堂行为有较大的影响。坐在前排的学生，往往听得最专心。座位靠前的学生，往往认为自己更受教师的喜爱，因而更多地参与学习。教师在给学生分配座位时，主要关心的是减少课堂混乱，他们总是试图把爱吵闹的学生分开，让爱吵闹的学生坐在前排，坐到讲台前，这当然有利于教师对其违纪行为的调控，但要使每一个学习小组好、中、差搭配，不同小组内大致平衡，即"组内异质、组间同质"。这样，既有利于小组内生生之间的互相帮助，开展合作学习，又有利于小组间展开公平、合理的竞赛。让文静、内向的学生与活跃、外向的学生坐在一起，能促进学生性格的互补。

个别教师在教室最后一排的角落，设置了调皮学生的"专座"。这样，极易让学生产生逆反心理，造成师生之间的对立，是不可取的。学生的座位不应该是固定不变的，教师适时改变学生的座位。这样，不仅可以促进学生课内交往范围的扩大，有利于维持课堂纪律，促使学生更多地参与课堂学习，而且对学生的视力有好处。古代著名的孟母三迁的故事，说明了环境与行为交互作用对学习的影响。因此，在教学管理中，重视教室的布置，是教学管理的第一步。教室，是一种教育的环境。学校教学应具有教上的陶冶作用，透过良好的规划、设计和布置造成的气氛感染，而产生启示效果，也是课堂教学管理中的一项重要内容。

二、课堂心理环境

（一）课堂规范

1. 课堂规范制定指南

第一，规则尽可能由课堂成员讨论而成；第二，规则按其重要性排列；第三，规则控制在10项以内；第四，规则应正面陈述目，简明扼要；第五，规则要始终一贯的呈现；第六，注重对规则实施的检查。

2. 处理好教学中的"活"与课堂规范的关系

第一，正确认识课堂上的"活"与课堂常规的统一。课堂规则的主要内容，是培养学生具有良好的学习习惯。教师在课堂规则的管理上，要做到"管而不死，活而不乱"。对学生"活"的内涵，教师必须有正确的认识，"活"不等于不要课堂规则，它不是指"乱哄哄"，表面上的"热闹"，而是指在课堂上学生对学习内容的兴趣和学生在课堂参与的投入程度，以及学生能主动探索、专注倾听、积极交流和勤于动手等。其实质，也正是学生的学习习惯及课堂常规内容，学生的活跃就应该在这里体现。在课堂中，教师必须充分尊重学生，讲究教学民主，为学生营造一种轻松、和谐的氛围。师生亲密无间的课堂气氛，能让学生学得生动活泼，轻松愉悦。但要做到活而不乱、动而不滥、乐而不散，教师就要把学生良好学习习惯的培养，作为每节课教学的内容之一，贯穿渗透于学习活动之中，贯穿长期的教育教学活动中，使课堂教学呈现出平等、宽松、和谐和欢乐的学习氛围。

第二，把握尺度，课堂上的"活跃"是有前提的。新课程改革特别强调，教师和学生之间的互动、学生与学生之间的互动，以及学生的自主、参与、合作的学习方法。当前，在我国，大多数班级人数在 40～60 人的范围内。这么多的人互动，很少能真正起到自主、参与、合作学习的作用，大多数都是表面热热闹闹，其实连教学目标都没有完成的"假互动"。而有些"活"的教学方法，是要在真正的小班中才能进行的。教师要根据自己班级的实际情况，进行"放"与"管"。只有这样，才能让学生真正"活"起来。

（二）和谐的课堂氛围

1. 创建民主、和谐的师生关系

（1）课堂气氛对教学的影响

和谐的课堂气氛，有利于学生积极地参与课堂教学活动，使得课堂教学生动、活泼地开展；而紧张冷漠的气氛，则会大大地抑制学生学习的热情，使得课堂教学刻板生硬、死气沉沉。课堂管理，是教师的重要教学技能。所谓"亲其师，效其行，听其言"，就说出了建立和谐师生关系的重要性。和谐，是师生之间的情感联系。爱是其中的核心要素，爱需要教师对学生倾注相当大的热情，对其各个方面给予关注，对于后进生尤为如此。教师要与学生取得心灵的沟通，共同分享成功的欢乐，分担挫折的烦恼。和谐的师生关系，是促进学生学习的强劲动力。和谐的课堂环境，是高质量教学的有力保证。

（2）和谐的课堂气氛与师生关系

和谐的课堂气氛，要求建立和谐的师生关系。在英语课堂上的师生关系，大致可以分为三种。第一，是上下级关系，英语教师高高在上，学生处于从属的地位，课堂气氛紧张而缺乏活力。第二，是完全"平等型"关系，即师生之间没有什么界限，可称兄道弟。这种关系，缺乏教师的权威性，使得有的学生不听英语教师指挥，影响正常的英语教学。第三，是民主、平等与合作关系。在英语课堂教学中，我们提倡师生之间的民主、平等与合作。民主平等，是师生合作的基础，师生团结合作，教师认真传授，学生积极思考。合作，是实现英语课堂教学促进功能的必要条件。这种合作关系，可以促进学生智力的发展，使学生学会如何学习，并使课堂气氛和谐友好。在课堂上，尊师爱生，是我们提倡的一种师生关系；而师生之间的"敌我"关系，是我们摒弃的。

2. 如何创建和谐的课堂氛围

（1）建立民主、平等的师生关系

教师和学生要建立一种新的关系，从独奏者的角色过渡到伴奏者的角色，从此不再主要是传授知识，而是帮助学生去发现、组织和管理知识，引导他们而非塑造他们。教师不应以教育者自居，不应以强制的手段来强迫学生服从教师的意志。强制性的教育，不仅容易伤害学生的自信心和自尊心，引起学生对教师的反感甚至恐惧，而且容易扼杀学生对英语学习的兴趣。

在课堂上，教师与学生都是学习与研究的参与者，两者之间的关系是平等的。在课堂规则制定、作业量的控制等方面，教师应该征求学生的意见。在传统的师生关系中，教师总是高高在上的，要求学生尊重教师，却很少注意教师要尊重学生，特别是在对待优等生和后进生的态度上大不相同。此外，在传统的师生关系中，教师是知识的权威者和垄断者，对求知的学生来说，教师就是知识的宝库，没有教师对知识的传授，学生就无法学到知识，学生是被动地接受知识。这种师生关系，是不被当前所提倡的。教师应以人为本，平等地对待每一位学生，对每一位学生都应抱着一份良好的期待，尊重学生的人格，培养学生的自尊心和自信心，帮助他们自我实现，发挥他们的潜能和个性。教师应该做到热爱、尊重和关心每一位学生，使每一位学生都能获得在课堂上展示风采的机会。

（2）建立合作互动的教学形式

英语教学是英语活动的教学，是师生之间和生生之间交往互动与共同发展的过程。也就是说，教学过程的本质，是教师与学生以课堂为主渠道互动发展的过程。在这个过程中，教师的作用应该是在尊重学生主体性前提下的组织、引导、咨询和促进作用。合作互动的形式，可以淡化教师"领导者"的地位，使学生的主动性和主体性在小组内得以最大限度地发挥，从而为实现真正意义上的交往互动奠定基础。师生互动的性质和质量，在一定程度上对教学活动效果起着决定性的影响。所以在课堂教学中，应该尽量使每个学生都能参与进来，形成师生互动。

合作互动形式，可以分为三种形式：第一，In Pairs，也是最常用的一种，即以同桌为一个合作学习小组。其优点是随机进行，轻巧便于操作。第二，In Groups，由前后座位四人组成。这种形式，同样有利于操作，尤其适用于连锁问答。第三，Chain Drill，即以桌子的一竖行划分为一组。此形式在单词和句型的复习中，更具挑战性和复杂性。此外，还可以是开放式小组，即由学生自由组合的小组。合作互动的师生关系，有利于形成互助、互勉、互爱和互尊的良好人际氛围，培养学生团结协助的精神，发展学生积极向上和民主科学的良好心理品质。

（3）选择多种形式呈现教学内容

充分利用实物、图片及简笔画，展示教学内容。图片、模型和实物等直观教具，是极好的非条件刺激，而词汇的音形属于信号刺激。在教学中，充分利用这两种刺激对学生产生协同作用，其教学效果是显而易见的。例如，教英语单词，让学生眼看图片和词形、耳听音，能有效地提高课堂教学效率。这是因为学生的多种感官，都同时参与了学习活动。随着现代信息技术的发展，CAI课件开始在各门学科中广泛使用。传统意义上的教学方式，正逐步向现代化多媒体教学发展。多媒体具有图、文、声、像、影合一的特点，能使教学变得更加直观和形象，能明显地提高学生的学习力能激发学生的学习积极性。多媒体的视听同步的功能，显然超过了任何媒体。而在我国目前的英语课堂教学中，没有母语的学习环境，无疑使多媒体成为最佳的教学辅助手段。

（4）合理地运用歌曲、故事、游戏和歌谣巩固教学内容

学唱英文歌曲，对于学习英语的孩子们来说，是多方受益的学习辅助手段。它可以融英语语言学习与娱乐为一体，既可以调动学生对英语课的学习兴趣，为学生创建轻松愉快的教学氛围，又可以培养学生欣赏音乐的审美情趣，同时还可以辅助英语语言、词汇学习和听力训练。英语故事、游戏与歌谣，同样是调节课堂气氛的催化剂。它不仅可以调动各个层次学生的学习热情，而且可以调节课堂的紧张气氛，使教与学在积极主动和轻松愉快的过程中完成。

第三节　课堂纪律管理

一、对课堂问题行为的深层分析

（一）课堂问题行为的类型

在现实课堂教学中，教师对课堂问题行为的判断标准并不统一。不同的教师，对学生行为的感受也是不一样的，这直接决定了教师对问题行为的判断标准。一些教师认为，一些学生总是在未经教师允许的情况下就发言，会扰乱正常的课堂秩序，是一种问题行为；而另一些教师则认为，这是一种情绪激昂、思维敏捷的表现。此外，一些教师会把那些在课堂上总是循规蹈矩、沉默寡言的学生，作为遵守纪律的榜样；而另一些教师则认为，这是学生思维不活跃、退缩、回避的表现，甚至有精力不集中、"开小差"的嫌疑。

（二）课堂问题行为对课堂的影响

课堂问题产生于课堂，同时又对课堂纪律产生消极影响。不同的课堂问题行为，对课堂的影响也各不相同。具体来说，有直接影响和间接影响两种。

1. 直接影响

有些课堂问题行为，会直接扰乱课堂秩序。例如，打骂、推撞和追逐等侵犯他人的

行为；交头接耳、窃窃私语、擅自换座位和传递纸条等行为；高声谈笑、口出怪音、敲打做响和作怪异动作等故意惹人注意的行为；故意不遵守规定和不服从指挥等盲目反抗权威的行为。这些课堂问题行为，经常会让任课教师头痛不已，使得不少教师花费时间和精力来处理。

2. 间接影响

有些课堂问题行为虽不会直接干扰课堂秩序，却会妨碍学生本人的学习，影响课堂教学效果。例如，上课时凝神发呆、胡思乱想、心不在焉等注意涣散行为；胡写乱画和抄袭作业等草率行为；胆小害羞和不与同学交往等退缩行为。这些问题行为就好像河中的暗流，看似风平浪静，潜在的危险却很大。

二、课堂纪律的类型与控制

英语教学质量的提高，最重要的环节是抓好课堂教学。良好的课堂纪律，是成功开展课堂教学的基本保证。由此可见，课堂纪律管理的成功与否，决定着课堂教学的成败和教学质量的高低。为此，对它进行一些尝试性、探索性的研究，就显得尤为重要。

纪律问题，历来是教师的一个难题。对大部分新教师来说，纪律问题更是一个棘手的问题，就是有经验的英语教师也不敢掉以轻心。有时，纪律是教学失败的原因之一。所以抓好了纪律管理，就为抓好英语课堂管理创设了一个重要的前提。课堂纪律控制技巧，也成了英语教师课堂管理能力最重要的方面。

（一）课堂纪律的类型

在教育学上，对课堂纪律的定义是："为了维持正常的教学秩序，协调学生的行为，以求课堂目标的最终实现，必然要求学生共同遵守课堂行为规范，从而形成课堂纪律。"具体来讲，课堂纪律有以下四种类型：

1. 教师促成的纪律

教师促成的纪律，是指在教师的帮助指导下形成的班级行为规范。学生年龄越小，这种纪律越容易养成。在教师新接一个班级的时候，更要注意这种纪律的培养。但是课堂纪律仅是靠教师促成的，还没有内化为学生的自觉行为，这样的课堂纪律，有很大的可变性和不稳定性。

2. 集体促成的纪律

集体促成的纪律，是教师促成的纪律内化的一种表现形式。当遵守课堂纪律已经成为周围学生的自觉行为时，集体促成的纪律也就形成了。这样的纪律，有较好的稳定性，一般不会因为教师的不同或学科的难易产生大的变化和波动。对班级而言，这是比较理想的纪律形式。平时喜欢捣乱的学生如果转学到这样的班中，会发觉自己的行为和周围学生不一样，他的鬼脸和插嘴迎来的不是大笑或呼应，而是鄙夷和愤怒。这时，他们就会静下心来思考，调整自己的行为，让自己和集体步调一致。这样的课堂纪律，对个别学生问题行为的改造作用是十分明显的。

3. 任务促成的纪律

任务促成的纪律，也是一种比较常见的课堂纪律形式。它的形成和学生面临的任务有直接关系，它有可能随着任务的出现而出现，随着任务的结束而消失，也有可能会持续。学生不仅有很强的好胜心和求知欲，而且有一定的自觉性和可塑性。他们的好胜心一旦被点燃，自觉性一旦被激发，可塑性一旦被利用，班级的潜能就可以被挖掘出来。当任务当前时，人们在思想上和行动上都会特别重视，学生也不例外。只要教师让他们明确任务的重要性和意义，他们也会全力以赴，争取有一个好结果。许多教师都有这样的体会：临近期中或期末考试的时候，课堂纪律明显好了许多，大家对学习变得特别重视。显然，是考试的任务让学生感受到了压力和动力，所以他们的课堂纪律会在短时间内有所好转，但这种好转会随着考试的结束而消失。

4. 自我促成的纪律

自我促成的纪律，也就是人们常说的自律。课堂纪律，虽然是一种集体行为的表现，但这种集体行为，和个体行为有着密切的关系。自觉性强和自律性好的学生，在任何班级中都能认真上课，周围的环境对其影响不大。心理学上认为，一个学生自律性的强弱，不仅与他的性格有关，而且与他从小生活的环境，以及所受的各种教育有着更密切的关系。自我促成的教育的形成过程，是比较漫长和缓慢的，但一旦形成就能受益终身。

（二）课堂纪律的控制

在英语课堂教学活动中，纪律起着保障的作用。没有纪律，英语课堂教学就无法进行，更谈不上提高英语课堂教学效率。因此，纪律管理，是英语课堂管理最重要的环节。

1. 突然发问

当英语教师发现有些学生不专心或捣乱时，可以突然问他一个问题。这个问题，可以是教师刚刚讲过的，只要注意听一定会答上来的，但也要有一定的难度。这样，会引起捣乱的学生的重视，使其不敢再不专心。一般来说，这样的学生常常回答不上来。在学生回答不上来时，教师万不可讽刺挖苦，否则会引起相反的作用。采取突然发问的目的，是提醒学生，停止不良行为，认真听讲。

2. 停止讲课

在英语课堂上，如果教师发现有学生捣乱，严重影响课堂纪律，英语教师可立即停止讲课片刻，并注视那位学生。这样，不仅会引起全班学生的注意，而且会引起那位捣乱学生的重视。但教师要注意停止讲课的时间不可太长，否则会影响全班学生的学习，引起公愤。当然，如果学生的违纪行为对班级授课没有大的影响，教师就不必使用这种策略。这时，教师可以用表情或动作示意，提醒违纪学生。

3. 适当的惩罚

教师要谨记，无论在什么情况下，惩罚一定要适中且不可过火。同时，惩罚一定要尽量少用。例如，如果教师发现一名学生有意将桌椅推翻，这时教师就要采取教学中的惩罚方法。具体来说，可以采取以下两种：一是进行心理辅导，做好思想工作，而不是大发雷霆，训斥和责骂学生。二是让这名学生把桌椅重新摆好。这样，违纪学生才会心服口服。相反，如果教师以此为由，将学生赶出教室或请领导、请家长和公开张贴布告等，这样会严重伤害学生的自尊心，从而使他产生"破罐子破摔"的心理，与英语教师走向对立面。过分严厉的惩罚，常常会使学生产生不良行为，并招致学生的怨恨和反感。

4. 课后处理

有时，有些学生在课堂上捣乱，如果这些行为不足以扰乱教师的讲课，教师可以暂时不予理会。等到下课后，再找学生了解情况，询问原因，对症下药，做好细致的思想工作。这样，教师在课堂上既照顾到了大部分学生的利益，又避免了因学生违纪而影响了教师上课的情绪。对于违犯课堂纪律的学生，无论教师采取什么样的制止措施和方法，也不管学生违犯了什么纪律，在课后，教师一定要找学生本人进行个别谈话。在谈话中，教师应该和学生一起分析发生事件的原因和利害关系，以及它的严重性和危害性，并告诉学生如何纠正这种行为，以使学生今后在课堂上专心听讲。对于课堂纪律中出现的一些现象，英语教师要根据心理学原理，对学生进行认真、细致的思想工作，要动之以情、晓之以理，使他们体会到教师的关心爱护，让他们心服口服，从而决心改正。此外，教师还要做到持之以恒，导之以行，坚持心理辅导，使学生能自觉、认真地学习英语。

第四节　提高课堂管理的建议

一、善用激励，吸引学生参与课堂

（一）目标激励

教学目标，是课堂教学的出发点和最终归宿，是师生共同活动的指向。明确学习的具体目标，会激发学生主动参与学习的求知欲望。比如，在识记单词时，教师可以让学生比一比，看谁在五分钟内记忆的单词多且准确。由于学生的争胜心都很强，这样他们会积极地投入学习中。学生明确了学习目标，就产生了探求目标的动机与兴趣，这就是教学目标的导向作用和激励作用。此外，在教学过程中，教师要要求学生在达到某一层次的目标后，还要向某一层次的目标冲刺，让学生的学习目标始终保持在"最近发展区"。这样，就能使不同层次的学生在积极的状态下参与学习，使目标起到分层激励的作用，让其潜在的学习能力得到最大的发展。

（二）提问激励

在英语课堂教学中，教师应注意从多角度和多方位设计多种思考题，发展学生的横向、类比、逆向和联想等发散思维，使学生不只停留在理解和掌握所学内容的层面，而且能利用现学知识，结合已学知识去创造、探索和培养发散思维，增强创新意识。比如，在讲授新知识时，教师可以结合教材内容，抓住重点和难点，精心设计一些问题，起到承上启下的作用。只要提出的问题明确，具有一定的针对性，学生就会依据问题顺藤摸瓜，随着教师的引导，顺利地向下一步过渡。此外，在设计这些问题的时候，教师注意问题要难度适中，且提问的学生要有针对性。

（三）竞争激励

心理学研究证明，人脑处于竞争状态时的学习效果，要比平时的学习效果好得多。教师应设法把课堂变为"智力竞技场"，积极创设竞争氛围，在课堂上开展各种自学比赛活动，如速读、速记比赛、男女生分组抢答比赛和学习小组竞赛等。各种竞赛活动，能使学生对所学知识产生兴趣，变"苦学"为"乐学"，使学生大脑处于高效率的最佳学习状态，有效地提高学习效率，培养现代人需要的竞争意识。

（四）成功激励

人的某种爱好和追求，最初往往是由于受偶尔成功的欢乐激发的。学生偏爱或长于某一学科，也多是这样。所以在经常开展的英语竞赛活动中，教师要不仅让优等生和后进生比较，更重要的是让学生与自己的前一次成绩比较，进行自我对照，使其体验到成功的欢乐。在教学过程中，教师要为学生创造多方面成功的机会，让学生通过努力，不断发现新的"自我"，从心理上感受到学习的成功与欢乐，从而更加积极地参与学习。

（五）评价激励

每个学生都有进步的内在要求和取得好成绩的良好愿望。当学生在学习上遭到失败时，最需要的是鼓励和帮助。如果他遭受到的只是教师的批评、同学的讽刺挖苦，而没有人伸出热情的援助之手，他就会怀疑自己的学习能力，原先心目中积极的自我形象就会退化，几经挫折，学生的心灵将会受到严重的创伤，其厌学情绪也会日益加重。所以在对学生的评价方面，教师要采取积极的评价，哪怕是学生有很微小的进步，教师也要及时给予表扬与鼓励，切忌用生冷的语言和态度，切忌动辄教训斥责或不予理睬。

实践证明，学生会从教师一句肯定性的语言、一个赞许的微笑、一个满意的手势中，得到激励，体验到成功的喜悦。学生群体也能对个体学生取得成绩，做出肯定的反应，激励其提高。例如，有些教师会带动全班学生，为回答问题很好的学生鼓掌，这样会使回答问题的学生产生一种欣慰的感觉。此外，教师诚恳地纠正学生的知识错误、耐心地弥补学生的知识缺漏，能使学生体会到教师对自己的关怀和负责精神。这些，都会强化学生的学习动机。所以教师在英语课堂教学中，要抓住适当机会，最大限度地给予学生鼓励，不断给学生奋发向上的勇气和力量，促使其积极进取，不断提高。

（六）情感激励

情感，是智力发展的翅膀。积极的情感，是学生英语课堂学习的巨大内驱力。仔细观察不难发现，有些学生对自己感兴趣的内容学起来津津有味，而对那些自感无兴趣的东西则是听而不闻；还有一些学生，不仅会出于对教师有某种成见，放弃其所教学的课程，而且会出于对教师的感情或敬佩，对教师教学的课程产生一种莫名的学习动力。"亲其师，信其道"，说的就是这个道理。由此可以看出，情感是教育学不可或缺的中介，是教学效果的制约因素。师生之间只有情感相通、和谐，才能使学生的学习心理处于最佳状态，达到在愉悦的气氛中获取知识的目的。

"高兴的记忆永不忘"，这是至理名言。教师应利用言语和非言语的沟通，影响学生的心理活动，通过与学生的情感交流，感染学生，激起学生的学习热情。为了使学生在愉快的气氛中学习知识、训练技能，在每堂课上，教师都要让学生有笑声，在课上力求运用幽默风趣的语言。这样，不仅能使优等生因成功而笑，而且会尽可能使后进生在愉快和谐的气氛中，克服困难，学习进取。此外，在英语课堂教学中，运用现代教学手段，也有利于激发学生的学习兴趣，为教学难点的突破、词语的理解和情境对话，创设极为有利的条件。在课堂教学过程中，教师要最大限度地创设和实施多种激励机制，充分调动全体学生学习的积极性，促进教学目标更快、更好地达成，提高课堂教学效率。

二、重视差异，实施英语分层教学

（一）实施分层教学的重要性

在面对不同层次的学生进行教学时，如果教师仍按照统一化的标准实施教学，将很难把握课堂教学目标和要求，课堂教学也会难以有效地开展，不能很好地调动全体学生的学习积极性，部分学生容易产生厌烦情绪，给课堂管理造成消极的影响。此外，统一化的教学，不利于基础较好的学生进一步发展，对那些本来就基础较差学生也是莫大的打击，会导致这部分学生在英语课堂教学中渐行渐远，这也是加剧学生成绩两极分化的重要原因。

分层教学，就是要承认学生的层次差异，针对不同层次的学生因材施教，使各个层次的学生都能在课堂上愉快地学习，解决学习中的问题，激发求知欲。实施分层教学模式的目的就在于，全面提高学生学习的自觉性和积极性。对于基础扎实的学生，教师可以通过适当引导，为他们进一步探索新知识指明方向，不断向新知识领域迈进；对于基础较弱的学生，教师可以从基础教起，减慢学习速度，通过制定合适的学习目标，循序渐进，逐步培育学生学习的自信心，完成教学任务。

（二）实施分层教学的原则

分层教学不是任意地教学，教师在进行分层教学时要遵循一定的原则，提高分层教学的质量和成效。分层教学主要有三个基本的原则：第一，坚持主体性原则。分层教学是以学生为主体，根据不同的学生进行不同的教学安排。但是教师在分层的过程中不能独裁独断，应当以学生自主选层为主，教师适当调节为辅。第二，坚持层次性原则。分层教学是对学生进行分层，所以教师要认真评判学生的学业、能力和心理，从而做出合理的分层安排。第三，坚持激励性原则。进行分层教育的原因之一就是对不同学生进行不同的教学安排，挖掘不同学生的内在潜力，提高学生的学习能力。

（三）对学生进行分层

要对学生进行分层教学，教师首先必须对每个学生的学习现状了然于胸。只有这样，教师才能在教学中有的放矢。在接手一个新班的时候，教师可以先用一套难易适中的题目对所教班级进行测验，然后按照学生的测验成绩，将班级的学生按照学习成绩分为 A、B、C 三个学习小组，其中 A 组为最基础的小组，B 组为中等成绩组，C 组为成绩优秀组。为保护学生的自尊心，在分组的过程中，教师要注意避免使用"后进生"这样的词语。随着学生成绩的变动，学生可以按照自己的情况，参加高一级小组的学习。

（四）分层授课

进行分层教学极为重要的一个环节，就是对学生实行分层授课。在实际操作过程中，分层授课有些像复式教学。限于客观条件，教师不可能在同一堂课中将不同组的学生在不同的课室上课。因此，在课堂教学时，如何进行分层授课，就是一个现实问题。教师要尽可能做到各个层次学生互不影响，或者尽量少受到彼此的影响。为了做到这些，教师的备课任务比一般教学要大许多。在教学过程中，教师要对不同层次的学生提出不同的具体要求。

（五）分层作业

为了使学生学有所获，教师在对学生实施分层上课后，对学生的作业要求也要有所不同。教师要根据不同层次的学生，布置不同难度的题。实施分层教学模式，是提高学生学习兴趣和教学效果，让所有学生学有所得，促进学生成才的有效途径。同时，实施分层教学能促使教师不断探索适应学生实际情况的教学方法，从而提高自身的教研水平和教学能力。

三、精心设计课堂活动，激发学生的学习动机

（一）以学生为主体，使课堂活动任务化

教师应依据课程的总体目标，结合教学内容，创造性地设计贴近学生实际的教学活动，吸引和组织学生积极参与。学生通过思考、调查、讨论、交流和合作等方式，学习和使用英语，完成学习任务。对任务型的语言活动，有以下四点要求：第一，活动要有明确的目的且具有可操作性；第二，活动要以学生的生活经验和兴趣为出发点，内容和方式要尽量真实；第三，活动要有利于学生学习英语知识、发展语言技能，从而提高实际语言运用能

力；第四，教师借助语言、环境、图片或是一些生活中的实物、玩具等，将学生导入活动，使学生产生想参与活动，想用英语来表达的愿望，使学生的情绪进入兴奋状态。然后，教师应让学生明确活动的要求、步骤和规则等。教师的语言应正确，并且能边讲边做示范，同时观察学生是否明白教师的要求。在开展课堂活动时，教师要留给学生一定的时间，让学生自己动口、动脑，学以致用。

（二）及时反馈，灵活调控

反馈，是对课堂活动进行有效管理的重要手段。在课堂活动中，教师不仅要注意观察学生在活动中的表现，及时发现问题，给予指导，而且一定要重视活动中教师的评价或学生的相互评价。教师应该对活动中表现出色的学生，给予肯定和口头表扬；对于完成不好的学生或小组，给予帮助和鼓励。教师善于根据在课堂中学生反馈的具体情况，灵活地调控课堂活动，使课堂教学高效、有序地进行。

总之，课堂活动，给课堂管理带来了巨大的挑战。如何引导学生积极地参与课堂活动，使课堂有序调控，是在课堂活动中应引起广大教师注意的问题。精心地设计课堂活动、全方位地调动学生学习英语的兴趣与积极性，是课堂教学成功的基础。

第六章　新课标背景下高中学生英语核心素养培养

第一节　高中学生英语思维品质培养

一、英语教育促进思维品质发展的内涵及可能

（一）英语教育可促进发展的思维品质

讨论英语教育发展学生的思维品质，须先讨论思维与思维品质。就广义而言，思维是有机体的神经活动，所有具有神经系统的有机体都有思维能力。就狭义而言，思维是人类神经系统的认知活动。从非生物学视角而言，思维是人类的高级认知活动。对于思维的研究有哲学、心理学、神经科学三种视角（也有人认为还有社会学视角），英语学科教育讨论宜采用心理学视角。从教育心理学视角看，思维是人的神经系统与环境互动中表现出的心理行为。基于心理学视角，人的思维活动分为以下三类：①无意识思维。这是人的神经系统在受到外界影响时的本能反应所表现出的思维活动，如规避危险等。②潜意识思维。这是人的神经系统在人没有主动开展有意识行为时，在受到外界影响时表现出的思维活动，相当一部分是文化基因导致的思维活动。③有意识思维。这是人的神经系统在受到外界刺激之后，主动进行思维的活动，是人类思维的主要形态，也是思维品质可以提升的主要领域。我们平常讨论的都是有意识思维。基于思维的抽象性，人的有意识思维活动可以分为三种：直观行动思维、具体形象思维和抽象逻辑思维，三种思维各有其层次。思维品质是个体的思维质量，每个个体的思维发生和发展都具有显著的个性差异，思维品质体现的便是个体思维的水平和能力的差异。

每个人都有思维，都具有强有力的、基于神经系统的、天生的思维能力，为什么还需要提高思维品质？第一，人类具有天然的认知缺陷，仅仅依靠天生的认知能力，无法形成准确认知，难以快捷地找到解决问题的方案。而人类需要准确认知现象，也需要快速解决问题。第二，人类每个个体神经系统发展过程不同，思维能力发展程度不同，每个个体神经系统差异、思维发展差异导致每个个体对现象的认知准确度、速度存在差异，即有人看

问题看得比另一些人更准确，找出解决问题方案更快捷。思维品质决定每个个体思维的成果质量，有助于我们更为准确地认知现象，更为快捷地形成问题解决方案（当然，人类不可能绝对准确地认知现象，也不可能快捷地形成解决任何问题的终极方案）。所以，人类需要提升思维品质。思维品质内容丰富，不同的思维方式有着不同的思维品质。基础性的品质包括思维的准确性、深刻性、敏捷性、灵活性、批判性等。这些思维品质都可以通过语言学科教育（包括英语学科教育）来提升，而英语学科教育具有其显著优势，因为英语思维的理性、逻辑性、批判性均显著于汉语思维，非常有助于中国学生的思维发展。基于学生已有的汉语思维与英语学科可以发展的英语思维的异同，英语教育可以着力发展学生以下思维品质：①准确性。外语理解与表达有助于发展思维的准确性。②深刻性。英语语言的文化内涵有助于发展思维的深刻性。③灵活性。两种语言异同，有助于发展思维的灵活性。④批判性。英语文化的批判性传统有助于发展思维的批判性。⑤开放性。外语学习本身可以促进思维的开放性。⑥创造性。运用外语进行书面表达、口语表达以及表演、展示等，可发展思维的创造性。

当然，英语教育也可以发展其他思维品质，只是我们认为对于以上六项品质的发展，英语教育具有相较于其他学科教育的显著优势。对于思维品质，还必须关注一个基本的伦理问题：思维品质本身没有价值取向，教师必须引导学生以积极目的为目标提升思维品质，避免学生将思维品质用于诡辩、狡辩、打败对手等消极目的。

（二）英语教育对思维品质发展的促进作用及其可行性

1. 英语教育对思维品质发展的内涵的促进作用

思维品质的发展类型可以粗略地分为以下四种：第一种，精准性。简而言之，就是可以有效提升学生思维品质的精准性。第二种，内涵性。通过对英语教材的相关内容进行了解掌握，进而了解其学习背景，有助于培养学生思维品质的内涵性。第三种，敏锐性。在实际的英语学习过程中，学生要积极主动地将英语和语文进行一个合理的类比，这样有助于提升学生思维品质的敏锐性。第四种，创新性。在英语的学习中，英语口头表述和书面表述方面等对于学生的创新性思维的培养具有积极的作用。除此之外，英语教育对于其他方面的思维品质特性的培养也发挥着重要作用，只是对上述的四种品质具有更加明显的促进作用，这也是其他学科无法比拟的。

2. 英语教育对思维品质发展的促进作用的可行性

（1）以课堂教学为基础

在平时的英语教学工作中，教师可以搭建一个"提出问题，解释问题，深入探讨问题，学生自由讨论"的教学体系，这种体系结构对于学生的思维模式锻炼有着积极的作用。

首先，要明确提问的价值意义，提问是整个英语教学过程中的必要环节，教师借助提问，可以让学生在进行问题解答时充分调动自身思维的敏锐性、扩展性以及创新性，这就要求教师在设计问题时，要根据培训学生的思维品质为一个基础导向，这样才能够实现对思维品质发展的一个积极促进作用。其次，解释问题和深入探讨问题也是英语教学过程中比较常用的方式。单词和语法的讲解，不仅有利于提升学生的英语学习质量，还对学生自身思维品质的发展起到一个积极的促进作用，其中包含对学生的审判意识、敏锐性、深入性的培养。最后，学生自由讨论环节，有助于学生进行团体性、深入性、敏锐性的培养。所以，教师在对学生的讨论内容进行设计的过程中，要以培养学生思维品质的发展作为一个基础导向，这样才能够实现对学生思维品质的锻炼。

（2）依据教材为基础

在整个英语学习过程中，教材发挥着重要的积极作用，不仅如此，它还对学生的思维品质发展起到积极有效的促进作用。选择不同的教材内容会直接影响学生的整体学习兴趣，进而也会影响学生整个的思维品质提升。

所以，教师在实际课堂准备过程中，要对教材内容进行具体的筛选，要选择那些具有很强个性、有利于培养学生思维品质的内容，这样才能够真正实现英语教育对学生思维品质的促进作用。

（3）进行课外学习拓展

课堂学习时间毕竟是有限的，还要积极进行课外拓展。课外拓展在整个英语学习过程中起着至关重要的作用，如果没有课外学习，学生的英语学习就很难取得理想的效果。

课外拓展学习往往具有很强的动态变换，且不容易把控，如果控制不好，就很难实现对思维品质的提升，进而导致思维品质的发展停滞不前。所以，要让课外拓展学习对学生的思维品质起到一个促进作用，就要真正做好对相关学习材料的筛选，积极开展一些有利于思维品质发展的课外活动，并且加大检查力度，检查学生在思维品质发展活动中的表现，布置相关的作业进行检查，这样才能够保证整个课外学习对思维品质起到一个积极的促进作用。

（三）英语教育促进思维品质发展的内涵

英语学习中思维品质的发展与汉语学习存在本质的差异，其所要发展的品质大体包括以下四种：第一，准确性。对英语的正确理解可以有效提高学生的准确性思维品质。第二，深刻性。掌握英语课文背景可以让学生培养深刻性的思维品质。第三，灵活性。在英语学习中，学生要善于将英语与汉语进行对比，这样可以提高自身的灵活性思维品质。第四，创造性。英语的口语及书面表达有利于学生培养创造性思维品质。当然，英语教育也可以发展其他思维品质，只是对于以上四种品质的发展，英语教育具有相较于其他学科教育的显著优势。

二、高中学生英语思维品质培养的策略

（一）聚焦核心素养，培养学生思维品质

1. 思维品质的概念

思维能力具体表现在两个层面：一是通用层面，主要表现在抽象概括与逻辑分析能力上，这是接受知识、发现知识或建构知识的基本前提。二是学科层面，主要表现为学科特有的理解问题和分析问题的思维方式，这是学习者能够像学科专家一样深入思考问题时所需要的一种能力，这里所要探讨的是后一种学科层面的思维能力。《高中英语课程标准》将英语学科核心素养归纳为语言能力、文化意识、思维品质和学习能力四个方面。其中思维品质作为核心素养系统下独立的一个维度，表明了其在教育领域的重要性。思维品质是指人的思维个性特征，反映其在思维的逻辑性、批判性、创造性等方面所表达的水平和特点，思维品质的提升可通过语言学科教育（包括英语学科教育）来实现，而英语学科教育具有其显著优势，因为英语思维的理性、逻辑性、批判性均显著于汉语思维，有助于中国学生的终身发展。指人的思维个性特征，反映其在思维的逻辑性、批判性、创造性等方面所表达的水平和特点，思维品质的提升可通过语言学科教育（包括英语学科教育）来实现，而英语学科教育具有其显著优势，因为英语思维的理性、逻辑性、批判性均显著于汉语思维，有助于中国学生的终身发展。

2. 核心素养下高中英语教学中思维品质培养的必要性

（1）提高学生思维的广阔性

在核心素养下，在高中英语教学中培养学生的思维品质，能够通过具有拓展意义的英语教学，提高学生思维的广阔性。提高学生思维的广阔性在英语教学中是非常有必要的，学生需要在思维方面更加广阔，才能在学习中更好地理解相关问题。

（2）提高学生思维的创造性

在英语教学中，让学生表演课文当中的片段，对课文进行仿写，就是培养学生思维创造性的途径和方法。在核心素养下，培养学生的英语思维品质，不断拓展学生的英语思路，促进学生英语思维能力的提高，对于学生今后的英语学习来讲都是有意义重大的。

（3）提高学生思维的灵活性

培养学生英语思维的灵活性，能够有效帮助学生分析各种英语问题，将各种因素进行综合，进而解决英语问题。如英语教学中的辩论性问题，就是提高学生思维灵活性的途径。如今，高中学生在英语学习方面思维的灵活性不够，需要在核心素养下提高学生的思维品质。

（4）提高学生思维的深刻性

在英语学习中，许多学生只是停留在表面，对于课文的本质和深层次内涵的理解，并没有达到教学的要求。这个问题需要得到解决，才能够改善英语教学的现状。在核心素养下，培养高中学生的英语思维品质，有助于学生思维深刻性的提高。

3. 核心素养下高中英语思维品质培养的方法

（1）创设和谐的教学环境

创设和谐的教学环境，把握好具有开放性的英语问题，鼓励学生积极参与，有助于培养学生思维的广阔性。在教学中，教师应当注重利用鼓励性的话语，邀请学生积极参与，培养学生思维的广阔性。

（2）情境教学

利用情境教学，让学生有机会利用到以往所学习的知识，将所学知识利用到情境教学之中，从而提高自身思维的创造性；让学生积极参与，在具体情境中提高自己思维的创造性。

（3）编写诗歌

提高学生英语思维的灵活性，就是指学生能够利用已经学习过的知识，解决相关问题。为了帮助学生提高思维的灵活性，可以为学生安排学习任务，如通过编写诗歌，更加深刻地记忆英语知识。如对于难度适中的英语单词，可以通过将它们串联起来，形成一首简短的诗歌，方便学生记忆，同时增加学生学习的趣味性。

（4）利用思维导图

教师可以通过利用思维导图，达到提高学生思维深刻性的目的；对学生进行引导，帮助学生进行科学的逻辑，能够提升学生思维的深刻性；有助于学生理解文章思路，理清文章脉络，这对于学生提升自身思维的深刻性意义重大。

（二）高中学生英语思维品质培养策略

随着社会的发展，素质教育正以其强大的生命力逐步取代传统的应试教育。素质教育的根本目的就是全面提高学生的素质，培养学生的创新精神和实践能力。学生的素质是多方面的，其中当然包括学生的思维品质这一重要内容。

在传统的应试教育中，英语教师往往将一篇完整的语言材料分割开来，详细讲解语法、词汇、语言的知识点，学生记不胜记，抄不胜抄，而一旦考起试来仍然不会做题。如果将平时做过的题目稍做变换再来考学生，学生就会茫然不知所措。

究其原因，根本的一点是教师平时在课堂上只注重知识的传授，而忽视了对学生思维能力和思维品质的培养。

1. 大胆革新课堂教学，转移讲授重点，以传授方法为主

在传统的应试教育的课堂上，教师的讲授重点多为语法、词汇等语言要点。通常的做法就是由教师列举出一个单词和短语的大量用法并辅以许多的例句，教师重知识传授而轻方法的讲授。学生在课堂上没有充分的时间去思考问题，只能埋头记笔记，满足于非常轻松地从教师那里直接获取知识，当然就谈不上培养思维品质了。因此，要想更有效地开发学生的思维能力，培养学生的思维品质，就必须大胆地革新课堂教学，将课堂讲授的重点由知识的传授转移到方法的讲授上来。方法的讲授包括多方面的内容，比如如何分析句子的结构，分析文章的结构、主题等。如果学生学会了分析句子结构，那么一般难度的习题也就能迎刃而解了。

2. 精心设计练习，转移考查重点，以考查能力为主

随着高考试题难度的加深，单纯考语法知识的试题已不多见。更多的试题主要是考查学生的能力，尤其是运用语言进行交际的能力，即强调在语境中考查语言知识。在这样的趋势下，我们有必要精心设计练习，转移考查重点，以考查学生的能力为主。

课堂教学的最终目的是使学生的素质得到培养，能力得到提高。它的实现在相当程度上取决于学生的思维品质。因此，在平时的教学中，我们一定要高度重视高中学生英语思维品质的培养，充分拓展他们的思维，开发他们的智力，以取得理想的课堂教学效果。

3. 开展深层阅读，提升英语思维品质

《高中英语课程标准》强调："要为学生独立学习留有空间和时间，使学生有机会通过联想、推理和归纳等思维活动用英语分析问题和解决问题、获得经验、增强自信、提高能力。"这一要求不仅注重学生综合语言应用能力的培养，更对学生思维能力的提高给予了充分的重视。接下来从学生逻辑思维、判断思维、创新思维、发散思维的培养出发，对在英语阅读教学中提升学生的英语思维品质进行探讨。

（1）揣摩言外之意，培养逻辑思维

在英语阅读教学中，逻辑思维的培养关系到学生是否能够进行准确的对比与分析，从语言素材中进行综合性的概括与判断，挖掘丰富的主旨内容。因此，教师应该引导学生深入文本之中，在理解的同时开展深层的研读与体验活动。在此过程中，教师不仅应该安排

主题归纳活动，组织学生在阅读开头、结尾等归纳性语句的基础上，了解主旨内涵，而且还应该对字面的表面意思进行进一步的延伸，让学生能够从字里行间感受、体悟到文本的言外之意，从而增强推理与判断的严谨性、价值性，为逻辑思维的培养找到线索脉络。

为了促进学生逻辑思维的形成，教师不仅应该给予学生充分的时间，还应该有意识地引导学生从文本中进行主动、能动的推理与判断，达到对阅读文本在表意与深意上的全面理解。

（2）品析文本韵味，强化判断思维

在英语阅读材料中不缺乏独具韵味、值得品赏的优秀文本，这些文本不仅阐述了人生的哲理，能够引发学生的深思，同时还能从简练的英语语言与生动的文本意境入手，陶冶学生的情操，帮助学生体验、感知英语文化。在开展高中英语阅读教学的过程中，教师应该通过文本韵味的凸显，开展生动的作品鉴赏与思维判断活动，使得学生能动地扮演好读者这一角色，动用各种知识储备理解文本、信息，在潜意识中走近作者，了解其中的思想情感。学生判断思维的培养不仅要注重其严谨性与独立性，还应该鼓励学生主动发表自己的见解，在分析判断的同时对文本内容进行再创造，这样才能提高阅读教学的整体价值。

学生判断思维的发展不能仅从语言入手，教师还应该努力营造思辨的氛围，引导学生结合自己所处的文化背景、社会背景，对文中的观点、思想进行自主性的判断与分析，这样才能使学生思想情感得到正向性的发展。

（3）产生生活共情，启迪创新思维

激发学生的共情指的是在英语阅读教学中，教师应该从实际出发，开展、拓展理解活动，让学生能够根据自己的思维认知，从情感、思维、价值、观念等多个角度入手，开展理解与评价等多种活动。教师应该认识对学生来说阅读不仅是文本信息的一种被动性的输入，更是激发创新思维的起点，对于学生的思维拓展具有极为重要的意义。

为了发展学生的创新思维，教师应该从文本中找到认知促发的契合点，开展举一反三的拓展活动，鼓励学生主动进行联想与创新。另外，教师在阅读时还应该引导学生将学习与生活有机地融合在一起，说说自己的想法和收获，实现与英语文本内容之间的灵活互动。

教师应该认识到，阅读活动的开展是读者与作者之间的有效互动，只有激发学生的想象力才能将课内所学运用到实际生活中。对此，教师应该鼓励每个学生阐述自己的阅读体验，无论对错都应该肯定他们的体会与想象。

（4）放飞多元联想，催生发散思维

发散思维也是一种联想性的思维，这是开展深层阅读的基本要素。教师应该营造丰富的文本世界，为学生提供思维发散的平台，为展开深层次、多层次的思考奠定良好的基础。

对此，教师应该帮助学生摆脱思维认知的束缚，提出具有启发性的问题，让学生能够从多个角度入手寻找问题的答案。另外，教师还应该认识到"一千个读者有就一千个哈姆雷特"，即使是同一篇文本作品，学生也会对写作意图、主旨思想有着不同的理解。对此，教师应该开展发散性、拓展性的思维对话，允许学生说出不同的答案，展示自己的语言智慧与联想智慧，为英语阅读教学的创新开展找到正确的途径。

高中学生已经形成了一定的思维能力与行为能力，在高中英语教学中，教师应基于学生判断思维、逻辑思维、创新思维、发散思维的现状，开展深层的阅读活动，促进高中学生与阅读文本之间的深入交流，让学生能够走入情境之中，从而不断提高高中英语阅读教学的整体水平，培养高中学生的英语思维品质。

第二节　高中学生英语文化意识培养

一、高中英语文化意识培养的基本理论

（一）高中英语文化意识相关学派理论基础

1. 教育学相关理论

哲学家们把社会意识分为上层建筑的社会意识和非上层建筑的社会意识两个部分。属于上层建筑的社会意识也叫作社会意识形式，具体表现为行为文化、艺术、道德、哲学、政治、法律等大部分社会学科。非上层建筑意识也叫非意识形式。非意识形式是不随经济基础变化、没有阶级性的社会意识形式，包括自然科学、思维科学和部分社会科学。

文化是不同群体间生活方式等方面的异同，而各个群体的文化差异归根结底是由于民族心理的不同所形成的。民族心理可划分为表层结构和深层结构。其中深层结构是指那些由于积淀心理结构深处、不易变化且影响和控制表层结构心理内容的结构层次，它是通过文化的内化和长期积淀而形成的，对行为模式起到间接的作用，即通过表层结构发挥对行为模式的影响作用。这也就从民族心理的层阐述了东西方文化在意识方面的不同。

2. 语用学理论

语用学是研究语言运用规律的学科。由于文化背景、价值观念的不同，人们所遵从的社会话语含义准则和言语行为标准也有不同，由此产生了差异。所有高层次的思维都依赖于语言。说得更明白一些，就是语言决定思维，这就是语言决定论这一强假设。由于语言

在很多方面都有不同，使用不同语言的人对世界的感受和体验也不同，也就是说与他们的语言背景有关，这就是语言相对论。

3. 社会语言学理论

社会语言学理论将"acculturation"定义为"适应一种新文化的过程"。这是第二语言学习过程的一个重要方面，因为语言是最富表现力的文化表达方式，而且第二语言习得必然将学习者与目的语社团的文化紧密相连。三个层次理论包括：①基础层，以社会科学为基础，包括语言学和教学理论；②中介层，应用语言学和教育语言学的理论和研究；③实践层，外语学习和教学的方法论及具体活动组织在教学语境中相结合。

跨文化交际学的核心是文化，这一学科涉及的不只是语言交际，还包括不同文化的影响以及不同文化背景下产生的交际障碍。美国外语教学协会在提出外语能力要求的同时，还概括了交际能力的范畴——交际能力包括听、说、读、写四种语言运用能力和跨文化交际能力。在跨文化交际中，语言是跨文化交际的工具，而文化则是跨文化交际的核心，提升文化意识比纯粹地提升语言能力更为重要。

（二）高中英语文化意识的培养目标与考查

1. 课标中的文化意识培养目标

《普通高中英语课程标准》中确立的总目标是："全面贯彻党的教育方针，培育和践行社会主义核心价值观，落实立德树人根本任务，在义务教育的基础上，进一步促进学生英语学科核心素养的发展，培养具有中国情怀、国际视野和跨文化沟通能力的社会主义建设者和接班人。"基于课程的总目标，普通高中英语课程的具体目标是培养和发展学生在接受高中英语教育后应具备的语言能力、文化意识、思维品质、学习能力等学科核心素养。

综合语言运用能力的形成建立在语言技能、语言知识、情感态度、学习策略和文化意识等素养整合发展的基础上，可见文化意识目标已经成为从语言目标中脱离出来的教育目标。

在英语教学中，文化主要指英语国家的历史、地理、风土人情、传统习俗、生活方式、文化艺术、行为规范和价值观念等内容。引导学生接触和了解英语国家的文化，有利于加强对英语的理解和使用，有利于加深本国文化的理解和认识，有利于培养世界意识，有利于形成跨文化交流的能力。教师应根据学生的年龄特点和知识能力，逐步扩展英语文化知识的内容和范围。教学中涉及的有关英语国家的文化知识应与学生的日常生活、知识结构和认知水平等密切相关，这样才能激发学生学习英语文化的兴趣。我们认为，英语教学的根本目的就是要扩大学生接触异国文化的范围，帮助学生拓宽视野，使他们对中外文化异同的敏感性和鉴别能力得以提高，为进一步发展他们的跨文化交际能力打下良好的基础。

学习英语文化背景，最主要的问题是要学习什么。同样，要学习多少也是个问题。高中英语课程目标中的文化意识包括文化知识、文化理解、跨文化交际、意识和能力等内容。根据此目标，教师应根据学生的年龄特点和认知能力，逐步扩展文化知识的内容和范围。在教学中，教师要把英语国家的文化知识和学生的日常生活联系起来，以此激发学生学习英语文化的兴趣和热情，才能真正地贯彻上述文化意识目标的主导思想。

2. 教材中的文化意识培养内容

高中英语教材将语言技能与语言知识学习、文化意识培养结合起来，围绕每个单元的话题，分别做了安排。每一个单元都有语言知识、语言技能和专项训练，把文化意识培养结合到各个语言的专项训练中，融入语言教学中。大体而言，根据课程标准中的文化意识内容，把高中阶段英语文化教学内容归纳出以下四个方面：①著名人物，人物贡献；②文化现象、风俗；③艺术、科学以及历史；④国家、地理。

从以上分类可以得出如下结论：第一，所有文化意识内容都是融入在知识点中，大体分为有形的知识文化（如地理、历史、科学等）和无形的交际文化（如肢体语言等）。第二，与之前的高中英语教材相比，文化内容有所增加。第三，有形文化介绍较多，相应的风俗以及交际内容较少，这就需要教师在授课的时候根据课堂内容做进一步的补充。第四，社会政治经济内容缺乏，不利于学生从综合的角度多方位地审视我国与西方国家在此方面的异同。

尽管教材中没有给出专门学习文化的板块，但是每个单元中都有相应的模块教授常用表达。但是教材中没有给出各个家在一些常用表达上的异同。例如，同样是英语国家，美国和英国在表达与某人看法不一致上存在一定区别，美国人比较直白，直接说"I am afraid I can't agree."英国人则避免强硬的表达："I may be wrong, but..."或者"There is just one thing in all that you have been saying that worries me a little."

亚洲国家也有着表达不同看法的方式，以面子文化为中心的东方，用含蓄的表达方式来期望保全对话者的面子，比较喜欢间接表达。这就要求教师自身要掌握相应的背景知识，在课堂上给学生介绍，这样一来，学生既可以避免在跨文化交际的时候产生不必要的误会，又能够做到与外国人交际的时候尊重他人的风俗。

3. 高考对文化意识培养的考查

文化意识目标作为高中英语语言综合运用能力之一，英语教材中也加入了相应的文化意识培养内容，在英语高考中也多有涉及。近几年高考全国卷对文化意识目标有如下考查内容：单选中的情境表达、阅读的文化背景和书面表达中的应用文写作。从表面上看对文化意识培养的考查比较适中，但是仔细分析则不然。

这些题目主要考查的是对西方价值文化交际表达的理解，选项一方面给出地道的表达，另一方面也给出了一些"中国式英语"的干扰选项，所以答题者要避免母语干扰。近几年来高考试题单选中的情境表达，这些题目只是对文化意识培养中的交际方面进行考查，没有真正地涉及英语国家的文化背景、风土人情等内容。

阅读试题在高考中占的比重较大，也能够从侧面涉及文化意识的内容，涵盖了课标中文化意识目标的各项内容。近年来，高考试卷中的阅读题，内容涵盖十分广阔，除了直观的文化内容，广告、地名、人物等也都涉及了文化内容，文化题材在阅读理解中占有一定的比重。但是，阅读理解部分几乎没有任何由文化背景展开的题目，也没有对文化意识的考查，只是单纯地考查阅读理解能力，题目局限于"What is the main idea？"或者"according to paragraph"理解文章背景知识，对回答问题没有任何帮助。

书面表达考查学生对一些简单应用文写作的把握能力，通常以邮件或者信件的形式出现。例如，李华希望通过外籍教师结交笔友；李华向笔友 Bob 介绍学校图书馆基本情况；李华给旅行社发电子邮件问广告的有关事项；李华给美国朋友 Peter 写信告知中文歌曲大赛事项；李华向英国笔友 Bob 介绍为其找到的住房条件。

从以上题目来看，一方面书面表达题目有效地建构了跨文化交际语境，另一方面也存在一些思维定式——几个关键词：李华、Bob、笔友、情况等词语经常出现，而且本身作为应用文写作的书面表达题目却没有考查最重要的格式。

二、高中学生英语文化意识的培养原则及途径

（一）培养高中学生文化意识的必要性

1. 新课改的要求

新课程标准既立足于我国高中外语教学现状，又充分考虑进入 21 世纪后信息化社会发展的前景和我国对外开放、综合国力增长的需求，力求使课程标准做到理念先进，可操作性强，体现时代性的要求。

综合语言应用能力的形成是"以学生语言技能、语言知识、情感态度、学习策略和文化意识的发展为基础"，语言知识和语言技能是综合应用能力的基础，文化意识是得体应用语言的保证。《高中英语课程标准》把文化意识与语言技能、语言知识、情感态度、学习策略放在同等重要的位置，并在每级目标中都有详尽的文化意识目标。

全日制普通高级中学英语教学大纲也明确指出，外国语是学习文化科学知识，获取世

界各方面的信息和进行国际交往的重要工具。通过学习他国语言，加深对他国文化的认识和了解，学会尊重他国的语言文化，进而更好地认识并热爱本族的语言和文化，教师要努力使学生在英语学习过程中，增进对外国文化，特别是英语国家文化和社会风俗习惯的了解。这不仅有助于他们扩大视野，提高领悟英语与运用英语的能力，还可以加深对本民族文化的理解，增强世界意识。

大纲体现教学的目标和方向，教材内容反映大纲的要求。与大纲和课程标准一致，现行的高中英语教材对文化的具体内容做了统筹安排。在强调语言文化语言知识的同时，充分体现文化知识在英语教学中的重要性。因此，这就要求教师改变教育思维，将语言知识点的灌输变为文化修养和语言交际能力的培养。与此同时，也要改变教学目标、教学模式以及教师角色。

2. 社会发展的需要

随着科技的快速进步和社会的迅猛发展，世界正向全球化和一体化发展，世界各国的人民交往日益频繁，联系更加紧密。社会生活的信息化和经济的全球化，使英语的重要性日益突出，英语作为最重要的信息载体之一，已成为人类生活各个领域中使用最广泛的语言之一。因此，在交往过程中人们如果不了解对方的文化和风俗习惯，就不可能进行交往，而没有了交往，社会的封闭只会停滞经济的发展，不符合社会发展规律。

同时，各国越来越重视国与国之间文化交流。在交流的过程中，缺乏文化意识引起误解的例子不少，比如在一次贸易洽谈会上，一中方经理流利的英语、得体的谈吐、对市场的了解程度使外商惊羡不已。谈兴正浓，突然这位经理肚中不适，打了个很响的嗝，这让外商很不悦，洽谈失败。这就是缺乏文化意识造成的交际失误。

3. 语言本身的需要

语言是人们约定俗成的用于表达事物和意识的任意符号系统，它与文化有着密切的关系。语言中储存了一个民族所有的社会生活经验，反映了该民族文化的特征，文化是一个社会所做的和所想的，语言则是人们具体怎样思考。也就是说文化是社会所做所思的结果，而语言则是思想的具体表达方式。因此，语言与文化相辅相成，不存在没有语言的文化，也不存在脱离文化的语言。这就需要教师把语言与文化结合起来，培养学生的文化意识，提高他们的文化敏感程度。

（二）高中学生英语文化意识的培养原则及途径

文化意识的教学并不是一件简单的事，作为一个高中英语教师，在传授文化知识的时候或在语言教学中渗透文化知识时，要把握好尺度，必须遵循一定的原则，既不能过于夸大，也不能浅尝辄止。为了使教学行为和方法更有针对性、目的性、实用性以及公平性，在实施文化意识教学的过程中，教师要切实遵循以下原则：

1. 高中学生英语文化意识的培养原则

（1）平等原则

每个民族都有自己的文化，每种文化皆有各自不同的特点。在学习另一个民族文化时，应该遵循这样一个原则：不管这个民族是大是小、是强是弱，其文化是没有优劣好坏之分的，所有文化都是平等的，不能因为英语是使用最广泛的语言，就说学习这种文化有优越性。我们学习外语是出于交流的需要，目的是能够与外国人成功地进行跨文化交流，从而能够了解、吸收他国文化的精华，为我所用。同时，学外语更要注重以我为主，要学会准确地用外语去介绍和传播我国灿烂的民族文化。放弃民族特点与文化身份去学外语是不可取的。外语学习者必须树立起文化平等观和语言平等观；承认每一种文化皆具合理性，每一种文化都有其独特的优点和长处，都能为人类解决各种问题，提供有价值的资源。各种文化都应该在与其他文化的交往中取长补短、吸收营养，充实和更新自身，以适应经济全球化和文化多元化的新形势。我们要重视学习西方文化，但不应唯西方文化是从，东西文化交流应本着彼此尊重的原则，在平等的基础上进行对话与交流，相互撞击、相互摩擦、相互吸收、相互融合，在比较中鉴别，在互动中发展，让学生形成文化平等意识。所以，在接触和了解的过程中，特别是在对两种文化的差异性进行对比时，教师不要过分地赞扬某种文化，也不要一味地贬低某种文化。

（2）互动性原则

教育互动性原则的实质是教师与学生平等交往、沟通学习、共同发展。我们认为教师自身的文化素养也要提高，所以在对学生进行英语文化意识培养的过程中，采取互动性原则是很有必要的。它体现教与学的互动，师生之间的互动，生生之间的互动。尤其是跨文化交际意识这方面体现的是多层次、全方位的交流与沟通，包括观念的、认识的、情感的、成果的，求得新发现，达到共识、共享、共进的目的。同时也体现新课程的要求，发挥学生为主体的教学模式。例如，在讨论"summer holidays"时，可以让学生就自己的假期进行口头上的陈述，谈谈他们的感受。与此同时，教师发表一些看法。在听力训练之后，教师可以根据当地有特征的建筑物等为学生提供"说"的机会，即让学生与同伴进行"问路"和"指路"的合作性对话练习，共同进行对话，选优秀创意者到前台表演，达到生生之间的互动。

（3）同步原则

这里所说的同步原则是指在利用英语教材培养学生的英语文化意识时应与课本的内容保持一致。在讲解英语文化知识的时候，教师会把中英两种文化进行对比。但中英文化的差异体现在很多方面，学生不可能在一节或几节课的时间内解决诸多问题，教师也不可能在一个单位课时里全都讲解文化的差异性或者把体现文化背景的文章都拿出来讲解。如在讨论"Good Manners"时，体现中英文化风俗差异有很多方面，在课文中仅提到餐桌上的礼仪的不同，所以教师在讲解时，不能把所有文化风俗的不同都拿出来讲，效果不一定好，学生也掌握不了。当然，学生对英语国家的文化了解越多越好、越广越好、越深越好，这就要取决于学生的兴趣、条件及时间等多方面的因素。

（4）兴趣原则

兴趣是学生获取知识的巨大动力。在培养和激发学生学习英语兴趣的同时，应适当引发学生对其文化产生浓厚的兴趣。这就需要教师精心设计从课文知识导入文化知识的前提和过程以及生动设计文化知识的交际实践和环境。这样，学生就能感觉到自己仿佛置身于一个生动有趣的交际环境之中，从而产生和保持对学习英语的兴趣，并在语言交际环境中得到实践和锻炼。很多学生都喜欢听一些自己喜欢的英语歌曲，学生能在听过几遍之后就熟记歌词，并学会该歌曲。这充分体现了学习兴趣的重要性。因此，教师可在课前或快下课时放些英文歌曲，培养学生的学习兴趣，激发学生对知识的欲望，进而培养他们的文化意识。除此之外，还可以让学生参加英语角等活动。

2. 高中学生英语文化意识的培养途径

文化意识的培养并非一朝一夕之事。随着我国外语教学与研究的不断发展，我们对外语教学本质的认识也在不断深化：认识到了语言具有丰富的文化内涵以及忽视文化意识培养会导致的不良影响，认识到了应该在进行语言知识教学的同时渗透文化知识的重要性。

课堂教学是培养英语文化意识的主要途径。学生学习英语的时间主要在课堂上。因此，我们在教学中要充分利用教材中的文化知识，适当增加一些文化背景知识的解释。尤其是在学生遇到与课文相关的文化背景知识时，往往会感到费解。在这种情况下，教师就要发挥其主导作用。作为中西文化的中介者和解释者，教师应该非常熟悉中西文化，设法帮助学生克服"民族中心主义"的偏见，帮助学生避免用本民族的文化标准来衡量其他民族的文化。语言是文化的表现形式，如果不了解英美文化，要学好英语是不可能的。反过来说，越是深刻细致地了解所学语言国家的历史、文化、传统、风俗习惯、生活方式，就越能正确理解和准确地使用这一语言。

在课堂上，教师还可以运用真实的课堂背景教授文化知识。比如，当一个学生退到时，可以问问大家：在美国，学生迟到时，是否也会敲敲门进来再向教师解释一下迟到的原因。在英美国家，如果这样做的话，英美教师常常会觉得受到打扰。因为在英美教师心里，你若迟到了，或想出去，只要轻轻进来或出去就可以了。在英语教学中融入文化意识的教育方法还有很多，我们也可以借助英文杂志、电影、课外活动等。

（1）明确文化意识培养目标

尽管新课标中明确将文化意识目标作为英语综合运用能力的目标之一，但是教师在授课中，还是遵循老式的教学目标：知识与技能、过程与方法、情感目标。因此教师在授课之前，应依据新课标和教材，提出本节课要达到的文化意识目标。

（2）深入挖掘教材

文化意识的培养一方面离不开文化意识目标，另一方面也离不开教师在课堂上对教材的挖掘。在课堂上，文化通过学生之间以及学生和教师之间的对话进行创造和演绎。通过他们的对话，参与者不仅重复着给定的文化内容，而且因为是在外语环境中发生的，同样有塑造一个新的文化的潜能。课堂上教师要多利用教材，挖掘教材背后的文化内容；编排一些相应的角色扮演活动，让学生感受到地道的交际氛围。例如，在文化交际对比的时候，教师可以系统讲解中西方文化交际的区别。挖掘教材的方式方法有如下三种：

①致谢方面

西方人比较习惯致谢，致谢对他们来说不仅是一种客气，在家人和朋友之间也会经常用到；但是在中国，如果亲近的人经常说谢谢会被视为"见外"。收到礼物后，西方人的反应是马上当着主人的面打开，并赞叹不已，而中人则不好意思当面看，认为那样太过失礼，而对礼物的感激表达得也没有西方人强烈，中国有句古话"感激之情不胜言表"正是最好的诠释。

②赞扬方面

西方人受到赞扬会很高兴，并马上说"Thank you"来欣然接受，中国人认为那样不谦虚，经常会表示"自己做得还不够好"，这在外国人看来是虚伪或不礼貌的行为。但是随着西方文化的融入，逐渐也有些中国人对他人的赞扬表示感谢，这类人以受过高等教育的人居多。另外在一些美剧中，例如《老友记》中，几个年轻的主人公在接受别人赞扬的时候说"I know！"（我当然知道是这样！）显得更加坦然，也成了英语学习者讨论的话题。

③打招呼方面

中国人打招呼喜欢说"去哪儿啊""忙什么呢"。对话者其实并不关注答案，只是一种寒暄。但是在西方人眼里，这一类的话题却侵犯了他们的隐私，他们打招呼只是问好或者谈论天气。在打电话时，中国人接电话喜欢说"喂，你好，你找哪位？"而西方人则习惯自报家门。近些年，随着对外文化交流逐渐增多，中国电话交际的文化也有所变动，尤其在商务通话中，通常接电话者也是自报家门的。

（3）文化教学策略

在高中英语课堂教学中，教师在英语课堂上常用的文化传授方法有以下四种：

①文化传授

该方法将文化传授运用到语言教学中。英语教师都应具有一定的敏感性，挖掘出所讲内容背后的文化内涵。比如一位教师讲到"dragon"一词时，向学生介绍中国文化中龙的形象是一种符号、一种意象、一种血肉相连的情感，"龙的子孙""龙的传人"这些称谓常令人们激动、奋发、自豪。在世界各国的华人居住区或中国城内，最多和最引人注目的饰物仍然是龙。"龙的精神"是中国五千年伟大历史的象征，是中华民族崛起的象征，是伟大的中国人民勤劳、勇敢、不屈不挠、大胆创造、诚信和谐地立于世界民族之林的精神基础。与之相关的成语如真龙天子、生龙活虎、龙凤呈祥、龙飞凤舞等都有积极意义。而西方的"龙"出自希腊语的"dragon"，是一种凶恶的动物。在《圣经》中，撒旦被称为"巨龙"，一些圣徒都以杀死"dragon"为荣耀，所以这个词象征邪恶、凶猛的人。东西方关于龙的概念截然相反，因此有学者强烈要求用"Chinese Dragon"或者"Long"来代替"dragon"。这样在讲授词汇的同时，也加强了学生对于东西方文化问题的了解。

②文化旁白

它指的是在英语课上直接加入关于英语文化背景知识的介绍。教师在这一部分的水平参差不齐，有的教师会利用各种媒体工具深入挖掘相关的背景知识加以介绍，而有的教师只是泛泛地提一句，不利于学生的消化和理解。

③文学作品分析

这是指对在英语课上涉及的作家、作品等进行相应的分析，培养学生对英美文学的兴趣，实现基本的了解。例如高中英语教材中涉及的"The Million Pound Bank Note"，安排一次文学作品分析课，教师首先介绍作者马克·吐温的生平，着重介绍他是美国批判现实主义的奠基人，早年的旅行经历增加了他的创作灵感，他经历了美国由自由资本主义向帝国主义过渡的时期，因此他的思想和创作由轻快到辛辣讽刺，再到悲观厌世。他早期作品比如《竞选州长》，中期作品如《哈克贝里·费恩历险记》《镀金时代》，晚期作品如《致坐在黑暗中的人》等都是经典作品。在学生对一些作品表示熟悉又对作者产生浓厚兴趣之时，进而引出《百万英镑》这部作品。

而课文是根据相关电影剧本改编的，在这里教师可以介绍戏剧这种文体是一种综合的舞台艺术，戏剧语言包括人物语言和舞台说明，同时也可以介绍相应的背景知识，分析人物性格、戏剧冲突、戏剧语言和舞台说明。学生会被这种新颖的授课方式所深深吸引，角色扮演活动既加深了学生对课文的理解和语言的掌握，又提高了学生们的文学素质。

④文化对比

这种方式通过对比中外文化，在提高学生自身民族意识的同时也加深了对外国文化的理解。比如在"Festivals around world"一课中，教师可以结合研究性学习开展新颖的活动，课前安排学生根据各自的兴趣和专长，思考确立小组的研究课题。小组确立课题可以包括：不同国家在不同节日里庆祝方式的对比研究；中国的春节与美国的圣诞节的异同；当今传入中国的外国节日等。在课堂上，教师指导各组学生，完成对课下收集到材料的整理，小组学生展开激烈讨论，并形成汇报在班级发表。最后，教师给予总结性的提示，阐述中外文化的差异，告诉学生各个民族的节日都是为了弘扬自己的民族精神，对于外来节日，学生要从正反两个角度来考虑问题。在教学中，教师不应该直接指导学生接受或者排斥，而应该给学生一个思考的空间，促进学生的多元文化意识的发展。

（4）阅读原版文学作品

文学作品不仅传承了文化，更体现了一个民族的生活习惯和思维方式，读原汁原味的作品可以提高学生的学习兴趣。教师可以指导学生读一些相关的作品，但是要注意难度，例如狄更斯的作品生僻词较多，不适合学生阅读；莎士比亚的作品有很多古英语，对学生来说过于困难。因此，教师可以推荐欧·亨利的短篇小说及一些简单、有哲理的诗歌，还可以从兴趣出发，推荐《哈利·波特》等能吸引学生眼球的作品。

（5）利用网络等新兴媒体

在课下，教师可以指导学生利用互联网学习。利用 MSN、ICQ 等工具与英语母语学习者交流；利用 Wiki、Google 搜索等工具查阅文化背景知识；下载英文电影，美剧、英剧等电视节目以了解当今欧美国家各方面的发展。另外，还可以浏览《纽约时报》《泰晤士报》等英文网站，以便学生从西方的视角看世界、看中国，这样既可以拓宽学生的视野，积累人文、历史、地理、经济等方面的文化背景知识，又开阔了学生的视野，弥补了课上积累不足的问题。

（6）组织文化讲座

教师可以利用学校资源，以年级或学校为单位，组织大型的文化讲座。有条件的可以请英语母语学习者谈谈他们来到中国后的文化适应，形成对比；条件有限的也可以请一些留学人员和一些有跨文化交际经验的人员给学生讲解跨文化交际中应该注意的事项。生动的讲解可以使学生的印象深刻，也增加了英语文化意识的敏感性。

（7）课程资源开发

课程资源开发主要包括两个方面的内容，接下来做简要介绍。

①建立英语文化学习数据库

随着教育技术的发展，教师可以有效地利用多媒体工具辅助讲解。课堂上，教师可以应用投影仪、计算机、幻灯片向学生有效地展示，增加了学生的兴趣，也方便了教师。英语文化背景知识涉猎范围很广，一个人的力量是有限的，如果能在外语教研组范围内建立英语文化背景知识数据库，会方便教师查阅、整理资料。教师之间可以交流，把自己认为每课涉及的文化背景知识点输入电脑中，并且把这些知识分门别类；按照新课标中的文化知识、文化理解、跨文化交际意识和跨文化交际能力等方面分类，以便有效地提取，这样就能弥补自身的不足，在课堂上更好地加强对学生英语文化意识的培养。

相应数据库的建立可以以整个外语教研组为单位，进行分门别类。例如建立高中英语文化知识数据库时，可以按照新课标提出的"历史、地理、风土人情、传统风俗、生活方式、文学艺术"等方面进行分类。教师把自己找到的知识点添加到数据库中，做好标签与分类，供他人下载与引用，这样可以使教师查阅资料变得更有效，利用数据库平台更快地完成备课，实现资源共享。

②设立英语文化选修课

《高中英语课程标准》指出，选修课程的目的是满足不同学生的就业选择、升学深造以及个人兴趣和发展的需要。设立英语文化选修课，例如英语影视欣赏、文学作品赏析、英美概况介绍、商务英语与文化等，介绍浅显、基本的知识可以增强学生的学习兴趣，也初步奠定了学生进一步深造的基础。这些选修课的设置要从学生的兴趣出发，并配以教师的有效指导。

教师可以利用一些原版的英语教材，例如《新概念》《走遍美国》等，还可以用一些英语国家本土的教材，便于学生对英语本土的生活环境、生活方式、文化背景有进一步的理解。通过选修课程，可以满足觉得课堂上教师讲授的英语文化不足的学生，也可以激发他们课下自学的兴趣。

三、高中学生文化意识培养的内容及方法

（一）高中学生文化意识培养的内容

1. 要培养学生的文化意识，首先要从跨文化交际能力的培养开始

　　跨文化交际指具有不同文化背景的人们之间的交际，是不同文化间的沟通和互动。跨文化交际能力是一个特定的概念，即作为非母语的或第二语言的外语交际能力。也就是说，外语学习者应具备双语能力，应具备用所学语言进行跨文化交际的素养。由于不同文化之间的差异以及由此而产生的误解和文化冲突，同时随着语言与文化研究的不断深入和外语教学理论的长足发展，使人们普遍对外语教学的本质有了全新的理解和认识。外语教学不再是传统的语言教学，而是语言与文化教学相结合，目的是培养高素质的、具有跨文化交际能力的外语人才。而培养跨交际能力的人才，要特别注意中英文化的差异。

　　2. 培养的内容包括加强学生对文化背景知识的了解和认识

　　语言是社会的工具，语言的使用反映着一个社会的文化。语言不仅是人们用来交际的工具，而且是反映一个民族文化特征的重要手段之一。一个民族语言的特点，常常反映着这个国家的社会、文化及生活等特征，所以要了解所学语言的文化知识背景。

（二）课堂中高中学生英语文化意识培养的常用方法

　　英语文化意识培养的方法是多种多样的，教师的首要任务是运用各种方法进行文化意识培养教学，提高学生对文化的敏感性，培养学生的文化意识，使他们能主动自觉地吸收并融入新的文化环境中。

　　1. 比较法

　　比较法是评判人与人或事与事之间相同或相异的程度，找出它们之间的相同点、相似点或不同点。比较法是培养高中学生英语文化教学中的一个极为重要的方法。在这里主要是对中英文化差异的比较，对不同文化之间的相同点和不同点进行对比说明，引起学生重视，做到知己知彼，因为"有比较才能有鉴别"。比较外国和本民族文化的异同可以从两个方面入手：①可以从称呼、招呼语、告别、做客、谦虚、道歉、赞扬、表示关心、谈话题材等方面进行比较。②比较相同的词汇概念，不同的文化内涵。因为一个国家的历史、地理、政治、文化艺术、民俗风情等都会在词汇中得以体现。词汇语言作为文化信息的载体，其语义和搭配都深深地打上了该语言文化的烙印。英语中有些词的概念意义与中文一致，但文化含义迥异。

　　2. 讲解法

　　在学习语言的同时，让学生进一步了解英美文化，并帮助学生正确认识西方社会，使语言既是学习的对象，又是了解和认识英美文化的工具。要做到这一点，必须在教学中特别注意抓住一些能够集中反映英美国家文化和社会特征的典型语言材料进行讲解与分析。

　　教师在教学中要向学生介绍有关文化背景的知识，引导学生了解西方的价值观念、风俗习惯,感受异国风情。如在讲解美国的南北战争这一课时,先要向学生介绍南北内战的背景,让学生有一个初步了解,他们才能明白,美国南方的一些人为什么反对奴隶制的废除。

另外,在语法、篇章结构中可以对学生进行详细的讲解。语言是文化的载体,同时又受文化的制约。英汉两种语言在语法概念、句法及篇章结构上的差异都体现了不同民族的思维方式,在教学过程中教师如果有意识地进行对照比较,是有助于学生从宏观上把握该语言的,让他们在使用英语时养成用英语思维的习惯。语法概念方面,英语中性、数、人称、时、体、态等都有明确的形式标记;句法方面,英语常常以核心句或词为中心层层展开,结构严密,具有较强的逻辑性,而汉语句子大多没有特别明显的形式标记词,以意合为主。汉语句子被动句较少,反映了中国人长期以来以人为中心的思维习惯,而英语中被动句较多,反映了讲英语的民族重客观、重逻辑的思维方式。

英汉民族的时空表达方式也截然相反。在表达时间地点上,中国人习惯由大到小,而讲英语民族则习惯由小到大。篇章结构方面,英语民族受其思维方式的影响,趋向于线性的直接表达方式。文章中一般开头都有主题段,每段有主题句,结尾得出结论;段与段之间、句子与句子之间结构紧凑。

3. 观察法

高中英语教材中很多内容都涉及学生的观察活动,因此了解高中学生观察力的发展特点,有利于我们根据高中学生的年龄特征设计高中的学习活动。高中学生认知自觉性增强,能自主地制订观察计划,有意识地进行集中的、持久的观察并能对观察活动进行自我调控;能排除各种干扰,坚持长时间观察。在观察活动中,高中学生能全面深入地了解事物的细节,既重整体辨认,又重细节辨认;观察的正确率逐步提高,对观察对象本质属性的理解逐步深化,并能用语言表述观察的过程和结果;观察的概括性、深刻性明显提高,能概括事物的本质特点和规律。这是思维和感知协同发展的结果。那么,可以采用观察法对高中学生英语文化意识进行培养。

(1)要注重培养学生对英美文化的洞察能力

语言不仅传达文字内容,同时也承载着一定的社会信息,一个人使用语言的风格常常会流露出这个人的社会背景、文化水准、家庭出身背景等各种情况。

(2)通过观看反映英语文化中身势语的电影,来培养学生的英语文化意识

众所周知,身势语是一种非语言行为,但它作为一种传递信息、交流思想的方式,不仅是一种非语言符号系统,同时也是一种语言现象、一种文化形态,也具有语言交际功能。由于不同国家有不同的社会环境和文化氛围,有不同的发展历史和空间,因而形成了各自不同的民族特色。中国受宗法制度的影响,重视伦理道德、等级制度和群体取向;而西方

国家由于受平行或平等社会格局的影响，强调个人取向。所以在举手投足之间无不反映着深厚的文化根源，表现出丰富多彩的民族特色和时代性。而所有这些，都可以通过观察法来解决。

如表示不知道、不赞成或无可奈何等含义时，中国人习惯于摇头或摆手，西方人则喜欢耸肩；英语国家除了问候礼节外，人们非常重视保持私人空间，交际时竭力避免彼此的身体接触，如果因拥挤或不小心无意触碰，大多会立即表示歉意，因此对于中国人的手拉手、勾肩搭背等亲密动作及公共场合的拥挤行为，会令他们感到莫名其妙。由于文化不同，相同形式的非语言行为表达的含义也有所不同。又如中国人表示惊讶或知道自己做错事后伸伸舌头，而在英语国家，向别人伸舌头则表示不屑一顾；中国人竖起大拇指表示赞同、满意、高兴，而西方国家则表示要搭车。

（三）课外加强高中学生英语文化意识培养

1. 开展丰富多样的课外活动

仅靠有限的课堂教学培养学生的英语文化意识是远远不够的。适当、合理、有序的课外活动是学生课堂学习的重要补充。课外活动的形式是多样化的，生动活泼的课外活动是对语言能力和文化能力的一次检验。可以让学生在一定的真实语言环境中体会和运用，从而提高学生的文化敏感程度，如英语教师可以让学生欣赏或学唱英文歌曲。歌曲常常能反映一个民族的心声、人们的喜怒哀乐，能表现不同时代、不同地域的文化风格。教师应鼓励学生积极参加英语戏剧表演，戏剧表演通常参照教材内容，以课本为依据，让他们置身于角色中，从戏剧的反复排练中切身地体会外国人表达思想感情的方式和行为。教师还可以举办像圣诞节这样的晚会，使学生感受外国文化的氛围，置身于异国文化的生活中。

2. 推荐阅读文化作品

了解英美国家更重要的要靠阅读有关的材料，因此可以推荐学生阅读一些简写本的英语名著。在读文学作品时，要求学生留心和积累有关文化背景、社会风俗、社会关系等方面的材料。文学作品是了解一个民族的习性、心理状态、文化特点、风俗习惯、社会关系等方面的最生动、最丰富的材料。也可以推荐学生读一些反映英美国家社会背景知识的优秀书刊，如《英语沙龙》《21世纪报》，使他们积累文化背景、社会风俗、社会关系等方面的知识，培养他们的文化意识，提高文化鉴赏能力。

3. 利用多媒体资源

教师可以充分利用图片、幻灯片、电影、电视与所学文化内容相关的生活片段或涉及某一方面的文化背景短片。英语谚语说："一幅图画胜得过千言万语。"通过这些可以使学生直接而生动地感受英语国家的风土人情、言语行为，体会中西文化差异，增强文化能力，从而培养学生英语文化思维。也就是说我们要引导学生用英语思维，在交际中所要传递的信息能在大脑中以英语的形式存在，从而脱口而出，而不是经中文到英文的转换后再说出来；通过多媒体，让学生身临其境，进而形成良好的英语思维习惯，以达到培养学生英语文化意识的目的，提高学生的文化意识修养。

第三节　高中学生英语语言能力培养

一、高中学生英语听力能力的培养

随着新课改的深入，对学生的综合素质的培养成了一个重要的话题。高中英语听力作为素质教育的重要组成部分，是目前高中英语教学的重要目标。

听是学习并掌握语言的一个重要途径，对于初学者往往如此。对于初学者来说，他可能什么也不懂，只能通过模仿别人学习语言。在教学中，加强学生听力能力的培养，有助于全面提高学生的语言知识和技能，所以在高中阶段英语教学中应加强听力训练是毫无疑问的，但听力训练长期以来就是教学中的难点，如何提高中学生的英语听力水平是教师和学生都需要深入思考的问题。

（一）重视指导学生的听力培养的方法

1. 克服心理因素

教师平时对学生的听力训练应高度重视，并帮助学生树立听力的信心，帮助学生调整好心态，把注意力放在"听"上面。

2. 强化语言基础训练

让学生多听多说，高中英语听力能力培养的一个基础就是大量的听、说练习，只有大量地练习听、说，才能有效提高学生的英语听力能力。首先，使用多种手段让学生听到纯正的英语。可以为学生播放一些英文歌曲、影视片段等，让学生听到标准、地道的英语。这种教学方式中所蕴含的信息量极大，对于学生了解英语文化也是十分有帮助的。其次，设定一些真实情境，比如工作、生活场景，让学生将所学到的英语能力与实际相结合，在听、说中不断提高学生对英语的实际运用能力，对学生英语听力能力的培养是一个极大的促进。

（二）抓住基础，排除障碍

影响学生听力的因素很多，如生词、复杂的句子结构、内容熟悉度、语速、背景杂音和语音语调的变化等。其中，困难主要来自语音方面，学生如若不能正确地辨音，就会听不清英语录音中的话语，理解力也会大打折扣，更不用说收看广播电视上的节目了。所以，要想在听力上有所提高，学生先要排除语音识别方面的障碍，主要方法有以下四个方面：

第一，花大量时间掌握正确的英语发音以及句中的意群、停顿、连读、不完全爆破、弱读、语调等，阅读原版书籍和电影资料，收看英语节目以及收听每晚中国人民广播电台《经济之声》的《空中英语教室》。另外，磁带、光盘及其他相关听力材料也是很好的训练材料。此外，教师应利用好课堂，帮助学生掌握好单词发音、多音节词的重读音节、英美语在发音上的区别，为其听力水平的提高奠定一个良好的基础。

第二，积累词汇。词汇是英语语言中的最小单位。词汇量在英语学习中起着至关重要的作用，它是一切训练的基础，听力自然也不例外。每一个对话、语段、语篇都是由句子组成的，而句子的基本单位正是词或词组。在听的过程中，我们能模仿出听到的发音，但若不掌握一定的词汇量，便无法把与其所代表的符号一一联系起来，也就无法得知符号所代表的事物的意义。因此，从理论上说，词汇量的大小在一个侧面决定了听力理解的程度。

第三，掌握语法。熟悉时态、语态、语气、常用句型结构及习语等方面的基础知识。

第四，强化阅读。语言技能是综合性的，听力理解能力不是孤立存在的，而是语言综合能力的具体表现。日常生活、历史文化、天文地理和社会科学等方面的知识也在一定程度上影响着学生的听力理解能力。较强的阅读理解能力是听力理解的必备条件。学生通过阅读各种体裁的文章，不断地、有意识地和潜意识地运用所学的语言知识，并接受新的知识，最终能使量的积累产生质的飞跃。

（三）精选材料，提高听的效果

教师应充分挖掘并利用教材中的听力材料。教师可以把教材中的内容改成听力材料，同时精心选择从易到难、逐步深入的听力系列材料，也可以选择一些学生感兴趣的听力材料，从而减少听力训练中的盲目性，控制听力训练的难度，提高学生的成就感。

（四）创设良好的听力环境

教师要努力提高自己的口语水平，以便以其口语表达来增加学生听英语的机会，锻炼并提高其听力水平。语调、重读、弱读、连读、变音、失去爆破、语气、语流、语速等各方面都要准确表达，而且课堂用语力求表达准确丰富。结构、用词和语言难度要注意层次性、变化性，用自己的实际运用让学生感知英语的节奏，创设良好的听力环境。

（五）在听力教学和训练中对听写的再认识

在英语学习中，语言信息主要是声音传播的。从实践上来说，"听"和"写"都是运用语言的一种技能。听懂别人的话包括能抓住对方要表达的大意，这是听的实质。在现实生活中，课堂记笔记、开会记要点，就有从"听"到"写"的过程。就英语教学本身而言，把"听"与"写"结合起来，又成了一种手段。从质量上来说，从"听"到"写"不是简单的笔头作业重复，而是接受一个完整信息的较高要求。近年来，高中英语阅读教学在师生的共同努力下有了长足的进步，但笔头上的功夫依然不尽如人意，因此在进行听力教学与训练的同时，动动笔是有好处的。

一般来说，能看懂才能听懂，完成一单元学习任务后应该说对该单元学习内容比较熟悉，让学生听写是简单易行、高质量的听力训练，不是单纯地让学生记下所听的内容，而是贵在接受一个完整情节听与写的全过程，让学生加强"听"的自觉性。这样长期坚持下来，其听力训练的收效是非常好的。

总之，要提高听力水平非一日之功，必须持之以恒地练下去。一方面靠教师平时授课时尽可能多地使用英语，多和学生用英语去交流；另一方面需要教师采用多种教学方法使学生对所听的材料感兴趣。这样持之以恒地坚持，提高高中学生英语听力水平的目标就一定能够实现。

二、高中学生英语演讲能力的培养

英语演讲是英语语言交际的一种高级境界，能够实现语言沟通的升华，同时是新时期的人才必须具备的一种语言素质。因此，高中英语教师必须加大对学生英语演讲能力培养的力度，引导学生积极主动地参与到英语演讲实践当中，加强对学生的演讲指导，并积极构建完善的演讲评价体系，有效提升高中学生的英语演讲能力。

（一）做好充足演讲准备工作

高中英语教师必须从英语演讲的实际要求以及学生能力出发，在开展英语演讲活动之前做好充分的准备工作，为学生演讲营造良好氛围。

1. 合理制定演讲规则

英语演讲对于高中学生来说并不陌生，但是高中学生普遍缺乏演讲实践经历，对于演讲的规则和要求也没有深入的了解。因此，在演讲的准备工作当中，教师必须根据演讲活动的组织要求和学生演讲能力的培养需要制定合理的演讲规则，并科学设置演讲的难度，在让学生掌握演讲基本规则的基础上，帮助学生树立演讲信心，为学生演讲能力的提高打下基础。

2. 准确定位英语演讲的主题

演讲主题是开展演讲活动的依据，而演讲主题的确定必须要综合考虑到学生的学习能力，同时需要将教材作为选题基础，结合学生的兴趣爱好，通过师生讨论的方式来选择新颖、贴近日常生活以及具有时代精神的演讲主题。

（二）指导学生精心撰写演讲稿

第一，灵活运用写作技巧。在对演讲稿展开写作之前，首先必须明确演讲的对象和内容，选用的写作语言要朴实自然，确保重点突出和文章连贯，并且要做到前后呼应。第二，加强对优秀演讲稿的欣赏和学习。品味优秀演讲稿的语言特点和写作亮点，从而丰富自身的英语语言知识。第三，交流完成演讲稿。通过小组合作交流的方式来完善演讲稿，降低学生撰写难度，促进学生共同进步。

（三）引导学生掌握演讲技巧

在参与英语演讲活动的过程中，学生必须具备较为完善的演讲技巧，这样才能够更好地适应演讲环境，更好地锻炼学生的演讲能力。学生由于缺乏英语演讲实践经验，对于演讲技巧的把握往往不够充分。因此，高中英语教师要注重对学生英语演讲的指导，并从以下三个方面引导学生掌握演讲技巧：

第一，对学生的基本演讲技巧进行指导和训练。将重点放在演讲的节奏、语速以及应变方面，并鼓励学生对演讲的规则进行细细的品味和揣摩，从而在演讲实践当中将演讲的基本技巧进行灵活应用。

第二，抓住课堂教学时间强化对学生的演讲训练。教师可以在课前、课中或者是课后的某一阶段留足 3 ~ 5 分钟的时间来让学生进行演讲训练，并且定期组织演讲专项训练或者竞赛活动，使得学生拥有更多的演讲机会。

第三，加强学生的模仿和即兴演讲训练。模仿演讲的方法能够提高学生适应演讲的能力，而即兴演讲考查学生的演讲综合素质，能够锻炼与提升学生的英语综合运用能力。

（四）建立完善演讲评价体系

建立完善的英语演讲评价体系是提高高中学生英语演讲能力的有效手段，同时也能够检查学生的演讲训练成果，为学生英语素质的培养创造有利条件，教师必须及时有效地对学生进行演讲评价，增强学生的英语演讲热情，强化学生的演讲信心，并让学生在成功的演讲体验当中感受演讲的乐趣和由此带来的成就感。

1. 多角度评价

教师要多角度和多层次地对学生的演讲进行评价，关注演讲的准备、过程以及结果，同时也要针对学生演讲后的反思展开有效评价，从而使得学生能够弥补不足，获得深层次发展的机会。

2. 教师要注重对学生的演讲稿写作水平进行评价

演讲稿的质量是影响到英语演讲效果以及学生演讲能力培养的重要因素，因此教师还需要将学生演讲稿的质量作为评价的内容，提高演讲评价的综合性。

3. 实现演讲评价主体的多元化

在对学生的英语演讲情况进行评价时，可以将教师评价、小组评价、生生互评、自我评价结合起来，实现评价主体多元化。

三、高中学生英语语用能力发展的形成性评价

（一）形成性评价的功能

功能是指系统内部诸要素以一定顺序、结构相互作用而产生的对外部的影响作用。形成性评价的功能就是形成性评价在教学活动中对教学的影响作用。形成性评价强调过程性、发展性，而教学活动有积极的调整作用，能够提高教学活动的质量。

一个学术概念的提出往往会引起学界诸多的争议，形成性评价的功能概念的提出也是如此。学界对形成性评价的功能有不同的看法。观点一：在其形成性评价的研究过程中将其对形成性评价功能的认识总结为三个有利于：①从学的角度看，形成性评价有利于对学生学习过程的调控。形成性评价可以及时反馈学习过程中的信息，调控学生的学习过程。②从教的角度看，形成性评价也能反馈教学信息，对教学具有指导作用。形成性评价在评价过程中也能反馈教师教学的效果，对接下来的教学产生指导作用，促使教学工作的改进。③从最终的效果来看，形成性评价有利于提高学生学习的综合能力和素质。形成性评价对学生的学习过程进行全面的考查，从而能对学生的学习过程进行全面的评估，对学生学习

提供全面的指导意见，从而提升学生学习的综合能力和素质。

观点二：认为形成性评价主要有四个功能：①促进个性化学习。形成性评价能对每个学生进行个性化评价，从而促进个性化学习。②减轻学习负担。形成性评价融于学习过程之中，与终结性评价相比，形成性评价没有给予学生一次性的鉴定性评价，能减少学生的考试压力，减轻学习负担。③全面评价学生。形成性评价关注学习的过程，关注学习的各个方面，而非仅仅是学习的结果，形成性评价能更全面、公正地评价学生。④提供教学反馈。形成性评价不仅能评价学生，也能对教师教学进行评价，提供反馈信息。

两个观点从不同的角度阐释了形成性评价的功能，但其具体表述有一定的共通之处。综合两位学者的观点，我们认为形成性评价的功能可从教和学两方面来理解。从学的角度上看，形成性评价具有两大功能。

第一，调整学生学习活动。学习活动是一个动态的过程，其间会出现多种过程信息，了解这些学习过程中的过程信息，并及时产生应对方式，有助于学习活动的进一步进行。形成性评价在学生学习活动的每个单元、学习过程中间会进行评价，鉴定学习是否达成了目标，诊断学习方式、学习策略是否需要调整。形成性评价能及时反馈学习活动，起到强化学习的作用。

第二，提高学生的自主学习能力。自主学习是一种高度自觉化的学习。由于自主学习具有较高的自觉性、目的性，学习内部动机较强，因此一般具有较高的学习效率和较强的学习持久性，可以说自主学习是应当大力提倡的一种学习方式。自主学习的能力也是最关键的学习能力之一。提升学生的自主学习能力对提高学生的学习质量、学习效能具有明显的积极作用。学生自主学习能力的提升需要一个过程，形成性评价对学生自主学习能力的提高有促进作用。形成性评价能对每个学生的学习进行个性化诊断，分析每个学生的学习特点、学习优势，让学生了解自己的学习风格、学习特长，提升学习效能感，并且在这个过程之中探索适合自己的学习方式，形成高度自觉化的自主学习习惯，学生的自主学习能力在这个过程之中也会得到提升。

从教的角度来讲，形成性评价也有两大功能。

第一，提供教学反馈，调整教学策略。与学习活动一样，教学活动过程之中也会产生种种过程性信息，这些过程信息对下一步教学活动具有一定的作用。形成性评价在评价学生学习的同时，也是对教师教学的一种检验、鉴定。在形成性评价过程之中，教师能了解教学目标有没有转化为学生的学业成果，教学方式、教学策略是否适合于学生。通过形成性评价对教师教学过程进行反馈，教师的教学活动得以优化、改进，进而促进教学质量的提升。

第二，转变教师的教学理念。通过形成性评价，教师能关注更多的教学活动的过程信息，如"学生是否具有团队合作精神""自主学习能力如何""学生的兴趣、特长是否在教学过程中得到发展"，从而改变原有的关注教学结果、以分数裁定学生水平的观念。教学观念的提升也是教师专业能力发展，逐渐从新手教师转变为专家型教师的过程。由此可见，形成性评价既有助于学生的自主学习能力的提升，也有助于教师专业能力的发展，实施形成性评价对优化教学关系，促进教与学的双边互动具有重要作用。

（二）形成性评价的原则

1. 多元化原则

为了使形成性评价能全面地评价学生的学习状况，形成性评价应当遵循多元化原则。多元化原则是指评价的内容、方法、主体都应当尽可能做到全面多元。在评价内容上，不仅要关注课程目标是否得到落实、贯彻，还应当关注语言知识、语言技能、学习策略、学习文化、情感态度等方面的内容。每个人的学习方式都是多元的、可变的，英语语用能力的学习亦是多元的，也应具有多元的评价方式。在评价主体上，不仅教师要在评价中发挥主体作用，学习者本人、同学、家长及相关人员也应当参与到形成性评价中。在评价的方法上，应当将质性评价和量化评价相结合，针对不同学生的学习风格、年龄、性格特点采取不一样的评价方法。形成性评价在评价内容、主体、方法上多元化，才能全面评价学生的学习状况，更好地反馈于学生的学习和教师的教学。

2. 发展性原则

课堂教学的根本目的是促进学生的学习和终身发展，发展始终是教育的终极关切点，评价也不例外。形成性评价在实施过程中要始终遵循发展性的原则，具体可从以下三方面入手：①在形成性评价的目的上要以学生的全面发展为首要目的。形成性评价不是为了证明学生过去的学习成果如何，而是为了在已有学习水平之上，促进学生学习和其他各方面的发展。②在形成性评价过程之中始终关注学生发展方面的信息。在形成性评价的过程之中要关注学生的兴趣、特长、学习风格、学习习惯，将这些信息反馈于学生学习和教师教学，促进学生的发展。③评价的结果要最终促进学生的发展，要以赏识性评价、鼓励性评价为主，以积极性的评价鼓励学生努力学习，全面发展。

3. 可行性原则

一个评价方案做得再好，如果无法实施，评价也无法进行。为了避免这种状况，形成性评价要遵循可行性的原则。一个评价是否可行可以从三个维度来进行考量：①评价的简明性。一个评价如果实施起来很复杂，占用很大的时间、精力，那么就会影响教学的质量，在实施的过程中教师和学生都会产生敷衍了事的心理，从而影响评价的效果。为此，形成性评价一定要注意评价的简明性。②评价的科学性。如果一个评价没有科学的理论依据，其评价方案、方法都很不科学，那么就会影响评价结果的合理性，其评价就会失去意义。形成性评价要在评价理念、评价方法上具有科学性。③评价的可操作性。评价方案要切合实际，其操作过程要具有可实施性，评价才能落实，否则就会流于形式。形成性评价必须做到简明、科学、可操作，才具有评价的可行性。

4. 激励性原则

评价的结果会对学生产生影响，可能是激励也可能是打击。形成性评价在评价结果的处理上应当遵循激励性原则。形成性评价的激励性原则可以从以下两个方面体现：其一，评价语言的激励性。教师在写评价结论时应该多使用鼓励性、赏识性的语言，增强学生的自信心。其二，评价过程的激励性。在评价的过程之中要经常给予学生肯定的眼神、手势，鼓励学生在学习过程中发现自己的特长、兴趣、学习风格，鼓励他们积极参与学习活动。

（三）形成性评价指标与机制

1. 形成性评价指标设计原则

尽管有部分学者对形成性评价指标的设计原则有不同意见，但是大部分学者有一定的共识，一般认为形成性评价指标设计应遵循指标独立性、方向性、可比较性、可测量性、整体完整性和本质性等原则。

（1）指标独立性

指标一般分为不同层级的指标，指标独立性要求同级层次的指标之间具有独立性，不能存在相关关系或者因果关系。同时，同级指标之间不能存在交叉关系、包含或被包含关系。指标的独立性为保证形成性指标合理性的体现，如果指标不独立就会在评价时出现重复给分的情况，影响评价的科学性。

（2）方向性

评价目标要指向教育目标具体的某个方面，指标设计要体现教育目标，不能偏离教育目标太远。形成性评价指标设计的方向性为评价的合理性提供了保证。

（3）可比较性

形成性评价的可比较性要求评价指标必须指向不同个体的某个共同属性，并且能够通过形成性评价比较不同个体间在这一属性上的差异。

（4）可测量性

形成性评价的可测量性是指评价指标所评价的对象是具有可量化、测量的某个属性。通过形成性评价能得出评价对象在某个属性上的量化表现。

（5）整体完整性

整体完整性是指评价的指标体系要能全面地反映被评价对象的全貌，系统地反映评价对象整体的数量、质量的量化表现形式。

（6）本质性

本质性是指形成性评价指标要能反映被评价对象的本质面貌，而不能停留于被评价对象的表面的指标表现上。

2. 形成性评价机制

（1）形成性评价的主体

①教师主导评价

在对学生进行评价时，教师在不同方面发挥相应的作用。因此，教师评价贯穿实验始终。将学生自评、学生互评与教师的评价优化组合，搭配合理。教师首先要示范学习方法和评价方法，适当的时候提供参考范例，帮助学生自评，督促学生学习，组织学生完成以组为单位的活动。当学生应用评价标准时，教师还必须提供指导和支持，和学生一起反思学习过程，确定目标。此外，教师尤其要重视与学生共同制定学习要达到的目标，不定期或定期翻阅学生互评、自评表格，适时评价学生的进步，指正存在的问题。教师应认真与学生交流，帮助学生制定改进目标并协助学生寻找改进办法。教师可以随时对学生的课堂表现进行评价。

教师主导的形成性评价最常用的三种课堂实践就是提问、反馈及学习档案袋。

提问是英语课堂中常用的教学策略之一，可实现多种教学功能。但在真实的课堂中，提问的促学功能并未真正发挥出来。教师的提问大多是低层次认知问题，没有激发学生的高阶思维，不能呈现学生语用能力和思维的发展水平。在岗教师接受的专业提问培训较少，很多提问都是自发、随意和依靠直觉的。在对学生语用能力发展的评价中，教师应该多关注高层次认知问题，根据学习目的设计有价值的问题，以科学的方式实施提问过程，包括提供等待时间等，使课堂提问的形成性潜力得到充分发挥。

反馈也是英语课堂中常用的教学策略，特别是纠错反馈使用更加频繁。在形成性评价中，反馈是促进学生进步的必备要素。纠错反馈可以启发学生发现中介语与目标语的差距，引导学生发现正确的语言表达形式。

学习档案袋是近年来十分流行的教学方式。但需要注意的是，学习档案袋本身不是形成性评价，只有教师和学生充分利用学习档案袋，调整教与学，它才可以被称为形成性评价工具。

教师评价在实际教学过程中已得到广泛应用，对此的研究也较广泛和深入。

②学生自我评价

自我评价的含义及其作用。不同学者对自我评价有不同定义，但都有三点相同之处：第一，自我评价是有标准参照的，评价的标准既可以是教师制定的，也可以是教师和学生合作制定的；第二，自我评价强调通过反馈促进学习；第三，自我评价是实时进行的，学生经常性地监控和调节自己学习过程中的思维发展和学习行为。

自我评价和自我评估。自我评价常常和自我评估相混淆。评价注重学、教和产出，它是教师和学生在教学方面的互动。评价为改善教与学提供信息，以学习者为中心，基于课程，并且是动态的，不以分数为定论。评估侧重分数，具有终结性。

评价具有形成性，发生在学习活动中，以促进学习为目的。评价是过程导向的，关注学习的进程，观察学习，找到学习的优势或劣势，并且分析优质学习的要素以及如何促进学习。评价标准由评价者和被评价者共同制定。与此相对比，评估具有总结性，在学习结束时进行，以评价学习质量为目的。评估以结果为导向，注重学习结果，具有判决性，决定学生是否达到一定等级或分数。评估标准由管理者制定（有时评估者参与合作制定），根据学习的质量水平进行反馈，并且一般会将学习质量与标准进行对比。

自我评估是学生对自己的作品进行终结性判断，产生最终的成绩或分数，倾向关注学生自我评分和教师评分之间的相关性。自我评价属于形成性评价过程，学生对自己的作品和学习质量进行反思和评估，判断自己的作品和学习表现在多大程度上反映明确表明的目标或标准，发现作品的优点和不足并进行相应的修改。

③生生互评

生生评价的含义及其作用。生生评价的定义为组织学生思考并判断其他同等地位的学习者的学习成果或表现水平、价值或质量的过程。生生评价亦可称为同伴评价。同伴评价中的同伴可以作为狭义理解，指同班同学，也可以更加灵活地理解，指所有具有相同学校教育经历的人。在形成性评价中，学习者提供对同伴作品的反馈，无论是正面还是负面的，都应该具有形成性特征，即详细、高质量、描述性。生生评价可以提供大量、客观、及时的反馈。它既能避免自我评价在某种程度上客观性较低的缺陷，还能获得比教师评价更广泛、全面、即时的信息。同伴之间，评价和反馈的压力较少，有助于学生显现自己的优势和劣势，获得诊断信息，发现须改进之处，避免错误和困惑的积累，调整学习方法和状态。

实施生生评价。第一，生生评价模型。该同伴评价模型分为七个层次。组织参与、认知冲突、搭架子和错误管理、沟通交流和情感因素是同伴评价的第一个层次，它们是同伴评价的主要子过程。这五个子过程可融入更宽泛的第二个层次之中。在第二个层次中，评价者和被评价者互相拓展陈述性知识、程序性技能以及对这些知识和技能有条件、有选择的运用过程。在这个过程中，评价者和被评价者增加、扩展（累计）和修正目前的能力，在全新的学习内容、错误或重大错误理解的情况下，构建新的理解（重构），即同伴评价的第三个层次。鉴于前三个层次各个环节的作用及其贡献，同伴评价不仅促成了更大量的学生参与，而且还促进了思维、社交、交流以及其他核心学习技能的巩固，即同伴评价的第四个层次。这种促进作用通常以隐性形式发送，评价者或被评价者没有完全意识到作用正在发生。与此同时或接下来，同伴评价将促使学生对学习概念的具体案例进行总结。在总结过程中，学生学习了概念，并提升了将概念用到不同语境中的能力。第五个层次由反馈和强化组成。评价者和被评价者以隐性或显性的方法提供反馈。第六个层次包括显性或隐性的自我监控和自我调节。第七个层次包括元认知、自我归因和自尊。随着同伴评价关系的发展，学生逐步学会追求自己的学习目标而不是他人为其设置的目标，同伴评价模型依然发挥着作用，因为学习者的学习从浅层的、工具性的表层学习转向策略的深层的学习。同样，学习也从陈述性学习（已有事实的陈述）转向程序性学习（指明某个程序是如何形成的）以及条件性学习（建议其他的可能性）。这些情感态度和认知成果将融入第一个层次的五个子过程中，形成连续的互动过程。

第二，生生评价的方法。生生评价和自我评价的实施过程类似，都需要标准明确、评价实施和评后修改三大过程。在实施生生评价活动时，需要注意的是标准要明确。标准的制定可以由教师拟定稿件，同学们一起讨论、修改、补充，也可以由同学们共同制定稿件，共同修订。在进行评价时要合理分组，可采用人格类型分组、学习情况分组、抽签分组等同质性分组或异质性分组方式，采取措施保证学生之间不会产生威胁、愤恨等负面情绪。生生评价并不意味着教师不负责任，教师应该监控、指导生生评价，并且对同学们进行评价培训，展现最佳范例等。

（2）形成性评价的程序

形成性评价程序包括评价准备、评价实施、评价反馈三个环节。形成性评价贯穿"教"与"学"活动的过程中，是一个持续不断的过程。因此，形成性评价是一个评价准备、评价实施、评价反馈者封闭的循环回路。评价反馈于"教"与"学"之后，又回到下一次评价的准备之中，组织下一次的评价。

形成性评价的准备主要是为了评价而做准备，构建评价方案，具体包括评价目标确定、评价内容选择、评价标准确定和评价方法选择四个方面。

评价目标是评价所要达到的效果，从性质上一般可以分为鉴定学习成果和促进学习提升两个方面。形成性评价一般旨在促进学习的提升。在具体的评价中还需要对评价目标进行具体的界定，如掌握某个句型、会使用熟练掌握的某个语法等。

评价内容是要确定评价什么。评价内容一般要根据具体的学习情境而定，比如评价学生的阅读水平、写作水平、听说水平、翻译水平等。形成性评价的内容要与学生的学习内容相一致，这样才能有的放矢，达到促进学生学习成绩提升的目的。

评价标准是评价的依据，评价标准对评价结果具有重要影响。评价标准应当在师生间的对话、沟通、协商的基础上进行。以往评价标准往往都是根据教学要求、教师对新课程标准的理解而制定的，没有反映学生的学习需求，导致评价过分注重对学生学业的鉴定、对学生的选拔作用，评价效果不佳。

评价方法对评价的效果也有重要影响，形成性评价方法有课堂观察与提问、调查、测试、档案袋评价、网上评价等方法。不同的评价方法具有不同的特点、优势与不足，应结合具体的学习情境、评价环境进行选择。

形成性评价的准备环节为评价的实施提供了基本条件，形成性评价的实施主要通过教师主导评价、学生自评、生生互评、师生合作评价进行。四种评价同时存在于形成性评价过程之中，将学习过程之中的教师、学生、同学等几个主体同时纳入形成性评价。

教师是教育活动的专业人员，对教学活动有着丰富的经验，教师主导的评价具有专业性，教师主导评价在整个形成性评价中应占有主要地位。

学生自评是学生对自己的学习活动的一个评判过程。学生对自己学习的计划、定位、学习实施情况最为了解，学生自评能发挥学生的学习主体性，提升自主学习意识和能力。学生自评在学习过程中具有独特的作用，越来越被研究者和教师所关注。由于学生不是专业的教育人员，对学生活动规律的认识有一定的欠缺，因此学生自评也有一定的局限性，需要对其做一定的引导。

生生互评是指学生之间相互评价，同学作为一个学习活动的同行者，也能在形成性评价中发挥独特的作用。生生评价有助于形成良好的学习共同体，促进学生的团队协作能力、沟通能力。

师生合作评价是指师生在对话、沟通、协作中共同对学习活动进行评价。师生的对话、协作能更全面地反映学习过程，促进师生间的理解，形成良好的师生关系，促进评价活动的进行。

评价反馈是评价活动的最后环节，但不是评价的终点，有效的反馈对"教"与"学"具有促进作用。评价反馈要求评价实施中的四种评价——教师主导评价、学生自评、生生互评、师生合作评价的评价结果都反馈于教师的"教"与学生的"学"。形成性评价既要反映教师的"教"的有效性与不足，也要反映学生的"学"的特点、问题与改进策略，为教师的"教"与学生的"学"的调整提供信息商形成性评价的反馈信息作用于教学活动和学习活动之后，就进入下一轮的形成性评价的准备阶段，重新确定评价目标、评价内容、评价标准、评价方法。在形成性评价的循环上升中，评价与教学相互促进，共同提升。

（3）形成性评价的组织规则

①评价的主客双方要具有独立性

评价的主客双方要具有独立性是指评价过程中的主体与客体要相互独立，不能出现主客间的依附关系，或者相互间密切的联系。形成性评价是依据评价标准完成对评价的客体的学习活动是否达到课程所要求的学习标准的考查。从评价主体来看，如果评价的主体与评价的客体存在某种密切的联系（如血缘关系、密友关系及其他社会关系），就可能出现对评价客体的包庇、护短、过高评价等损害评价公正性、客观性的行为。从评价客体来看，如果评价客体在学习活动中没有自己的学习独立性，只能依附于评价者依据的评价标准，那么就会出现"应试教育""题海战术"等不利于学生个体正常发展的学习行为。以上两种情况都会导致形成性评价的异化，损害评价质量，降低评价效能。为了实现评价主客双方的独立性，我们一般要求评价遵循回避原则，即若评价主客双方存在一定密切的联系便更换评价主体。

②评价的时间要有周期性与随机性

评价的时间具有周期性和随机性是评价组织规则在评价时间上的规范性要求。评价的周期性是形成性评价活动在整个学习过程之中要周期性出现、间断性出现。形成性评价注重评价的过程，不是一次性的评价，评价活动是学生学习活动的一部分，学习过程之中的评价要反馈于学生学习。评价的随机性是评价周期性的补充。如果形成性评价是一个固定周期的定时评价，就会对评价客体产生"周期效应"，即学生的学习活动会随着形成性评价的周期性出现而形成一定的学习周期律。这种"周期效应"会使学生在评价来临之时"临阵磨枪"、突击学习，不利于形成良好的学习节奏。因此，形成性评价的周期性并非指评价是以固定的周期出现，而是在一定周期律之中随机复现，以考查随机状况下学生的学习状况。

③评价要依据一定标准，依据证据

评价是一项依据一定的评价标准对学生的学习活动是否符合课程所要求的学习效果的鉴定活动。形成性评价要依据一定的评价标准，根据评价标准对学生的学习活动进行鉴定，同时对学生的学习活动提出指导性意见。如果评价主体偏离评价标准，就使评价活动失去方向，评价的结果不能达到评价目的，评价失去意义。评价是一项专业性活动，不仅需要评价主体依据特定的评价标准，还需要评价主体具有一定的主观能动性，发挥自身的评价专业能力。为了使评价主体专业能力的发挥具有一定的规范性，要求评价者依据一定的证据来进行评价。评价结论的产生要依据客观的证据，才能使评价活动客观化、科学化、合理化。

第四节　高中学生英语学习能力培养

一、英语学科核心素养下高中学生英语学习能力培养的理论依据

（一）理论依据

教育部《关于全面深化课程改革落实立德树人根本任务的意见》提出的核心素养体系，要根据学生的成长规律和社会对人才的需求，把对学生德、智、体、美、劳全面发展总体要求和社会主义核心价值观的有关内容具体化、细化，深入回答"培养什么人、怎样培养人"的问题。建构主义指出学习的实质是学习者积极主动地进行意义建构的过程，即学习不是由教师把知识简单地传递给学生的过程，而是由学生自己建构知识的过程。

美国心理学家华生在巴甫洛夫条件反射学说的基础上创立了行为主义，他主张心理学应该摒弃意识、意象等太多主观的东西，只研究所观察到的并能客观地加以测量的刺激和反应。行为主义强调行为和认知的结合，既可以通过人的思维、信念和期待等认知过程，预测人类的行为，也可以通过改变人的认知来改变人类的行为，通过行为的改变也可改变人的信念、期待等认知过程。行为主义也强调心理过程的积极与主动性。新行为主义者强调要把行为主义同建构论结合起来，重视以往经由学习而获得的认知规则在对环境信息做出反应过程中的作用。

英语学习是学生主动建构意义的过程，学生在理解与表达的语言实践活动中，通过感知、预测、获取、分析、概括、比较、评价、创新等思维活动，建构结构化知识，在分析问题和解决问题的过程中，发展思维品质，形成文化理解，学会学习，塑造正确的人生观和价值观，促进英语学科素养的形成与发展。

基于核心素养的教学，要求教师抓住知识的本质，创设合适的教学情境，启发学生思考，让学生在掌握所学知识技能的同时，感悟知识的本质，积累思维和实践的经验，形成

和发展核心素养。

提升学生的英语学习能力的相关理念还包括以下两个方面：

1. 愉悦的情绪能消除学生的英语学习焦虑，让学生心里充满阳光

苏联教育家苏霍姆林斯基说过，教师个人的范例，对于受教育者的心灵是任何东西都替代不了的最有用的阳光。可见，在教学中教师的健康心理、愉悦的授课情绪是何等重要。目前，学生普遍感到听说困难，在进行听说训练时经常出现过分紧张的心理状态，给训练带来一些障碍，使其听时难以听懂，说时难以成句。因此，教师应努力创设轻松愉快的氛围，使学生敢于开口说，乐于相互锻炼。

2. 细心观察，循循善诱增强自信，体验成功

"自信是成功的第一秘诀。"当今高中学生大多是独生子女，在心理上存在诸多问题，如焦虑、恐惧、脆弱、嫉妒等，这些心理障碍直接影响英语学习的效率，影响英语水平的提高。因此，教师应勤于观察，细心了解每个学生的心理，要及时发现问题，并进行教育，因势利导，设法帮助学生树立自信心。

那些英语基础差、对英语存在一定恐惧和自卑心理的学生，上课不敢发言，考试心惊胆战。对此，教师在课堂上对他们参与课堂活动的表现要及时给予鼓励，课后要主动找他们聊天，以缩短师生情感上的距离，使这类学生心里充满阳光，树立起自信，敢于面对困难。

另外，高中学生精力旺盛，活泼好动，求知欲和表现欲极强，教师要充分利用情感因素，鼓励学生积极地参与各种活动，使其充分表现自己的才华，并从中获得成功的快乐与体验。如每节课前设置的 Daily Talk，形式多样，内容广泛，是学生展示英语学习成果的良好时机。在学生的准备过程中，教师一直给予必要的关注，并适时给予鼓励。学生根据自己的学习实际，说出多少都可以，只要能用自己的语言来表达，教师都给以充分的肯定。

总之，在不同的课型中，通过不同的教学活动，可以发展学生的思维品质、文化品格、学习能力和语言能力，教师应该在自己的教学中，与同校的教师进行合作，将上述的活动系统化，逐渐建立适合自己学校核心素养培养的教学活动，形成本校的学科核心素养培养体系。在教学活动层面，教研组的教师可根据不同阶段的核心素养的要求，合作设计适合不同年级的教学活动，创新本校英语学科的课内外教学，形成本校的英语学科核心素养培养体系。

（二）核心素养视角下高中学生英语学习能力培养策略

1. 在主题语境下采用丰富多彩的英语活动激发学习兴趣与求知欲

（1）课内活动

高中英语教材所涉及的话题内容非常广泛，每一个话题下都可以采用不同的活动。采用讨论的方式让学生积极参与到课堂中来，不仅能调动学生的思维，而且又锻炼了他们的表达能力、交流能力和合作能力。在高中英语教材课文关于"body language"的话题上，可以让几个学生到黑板前面来表演各种身体语言，其他同学用英语猜测他们所表达的意思。这样生动活泼的形式必然会极大地激发学生的学习兴趣，增强学习活力，提高学习效率。

（2）课外活动

丰富多彩的课外活动是课堂教学的必要补充和延伸，高中英语教材课文"The Million Pound Bank Note"是以剧本的形式呈现的，在完成对阅读文本的处理之后，教师可以组织学生把这个剧本排练出来，甚至举行整个校园的课本剧大赛。演讲比赛、我爱记单词等全校性的活动也能让学生在不知不觉中爱上英语。

2. 运用有效学习策略进行语言应用能力的培养

英语毕竟是一门工具性很强的学科，最终的目的还是要达到能用英语流畅地交流这个目的，所以要重视语言运用能力的培养。听得懂、说得流利、读得深、写得好是良好英语运用能力的集中体现，为了实现这一目标，多听、多说、多读、多写是必不可少的手段。但是指导学生运用多种学习策略进行英语学习更加重要。教师不仅要根据不同的策略类型采取不同的教学方式，还要帮助学生在语言实践活动中有效运用各种学习策略。在课外也要保证学生每天有一定的时间接触并练习英语。英语课堂教学更要以培养学生学习能力为出发点，如在进行阅读的教学时，教师可以让学生进行自主学习，先让学生自己感知、自主预习、自己动手查阅资料，甚至让学生自己出练习题，并对效果进行必要的反馈。

在注重学生能力培养的课堂中，教师的教学活动都要围绕学生学习能力的培养展开，切实扮演好引导者和监督者的角色，将英语课堂还给学生，着重于培养和提升学生的学习能力。从高中学生群体的年龄阶段和性格特征来看，他们有强烈的自我意识和好奇心、表现欲。而英语教师在实施英语教学的时候，就需要结合这个年龄阶段学生的心理特征，通过对学生心理特征和行为表现的把握，采用有效的方式来刺激学生的学习动机，变被动学习为主动学习。

3. 巧用合作探究，完成迁移创新

合作探究是促进高中学生英语学习及使用英语的重要方式，其具体的操作形式主要包括角色表演、同桌讨论、小组合作等。在教学过程中，合作探究主要以"任务型"教学模式展开，学生在围绕任务进行探究的过程中，不仅能够深入学习课本知识，还能够在彼此交流、对话的过程中加深对语言文本的感悟、理解，从而生成较为稳定的学习能力。

4. 变被动为主动，养成自主、高效的英语学习习惯

学习积极性的根源在于学生内部的学习动机，内驱力一旦被调动起来，学生就会热情主动地参与到学习活动中去，学习效率自然而然就高了。而调动内驱力的一大法宝就是激发学生的兴趣。培养学生自主学习能力的另一个有效办法就是指导学习方法，要教会学生学会阅读和思考。在当前形势下，学生可以从多渠道获取英语学习资源，教师可以指导他们进行有效阅读，通过分析、整合、演绎和归纳，独立获取所需知识和信息。"授人以鱼，不如授人以渔"，帮助学生形成"我要学"的态度和思想，才能推动学生终身进步和发展。

总而言之，培养英语学习能力，是英语学科核心素养建构的重要组成部分，也是广大高中学生持续、全面、健康发展的不竭动力。这一能力的培养不仅能够将学生的学习主体地位与作用发挥出来，而且能够优化其学习过程与方法，增强学习体验，培养良好的学习能力和文化意识。

二、交互式英语教学对高中学生学习兴趣的培养

（一）全班活动

全班活动是由教师来控制的传统交互形式，由于大部分高中班级的人数多，很多教师都会采用这种形式，包括教师与单个学生、教师与多个学生之间的交互。前者是指教师向学生提问，如出乎意料的提问或头脑风暴式提问，只由一个学生来回答，而后者是指所有学生同时回答。用这种形式，教师知道学生在说什么，并及时做出反馈，纠正错误，学生会积极踊跃地参加，但这种形式也有很多不足，如学生会养成被动思考的习惯，不利于提高综合英语能力。因此，应该用恰当的策略，发挥它的积极作用。首先，与其他交互形式相结合，规避单独使用的弊端，体现综合性。其次，应该在呈现任务、指令发出的同时用这种形式，让学生清楚学习的任务及要求。最后，教师在反馈学生的听、说、读、写等学习过程时使用这种形式，检查并纠错，集中他们的注意力，兼顾英语学习的表达性和准确性。

（二）对子活动

对子活动是两人一组，用英语进行交流或朗读的活动，这种方式主要是练习学生说英语的能力。为了达到目的，首先，教师布置的任务要清晰，难度要适宜，太过简单或太难都会打击学生的积极性，可以布置诸如对话练习、问答式互动、句型操练等任务。其次，在组合方法上，教师不宜采取相邻座位的同学为对子，应按照不同学生的不同性格特征和水平来做具体安排，避免性格都内向或学习成绩都落后的两个学生为对子，以更好地达到

对子活动的效果。最后，对子活动的时间应控制在 2～5 分钟，并及时对活动情况进行检查，做出反馈。

（三）小组活动

小组活动是对全班的所有学生进行分组，练习英语的活动。首先，3～5 人一组最为合适，且每一组里面应该包括不同性格、学习成绩有差异的学生，做好明确分工，安排组长、发言人、记录者等。其次，任务不能单一，给每个组布置不同的任务，通过记录的内容对同学之间的配合进行评价。最后，开展小组活动之后教师应定期或不定期地与小组交流，进行调查研究，坚持好的措施，改进不恰当的做法。与对子活动相比，小组活动更具有吸引力和活力，提供相对愉悦的环境，对同一个问题，很多学生都能表达自己的想法和看法，引发讨论，思维碰撞，擦出火花，从而培养创造力。

需要强调的是，在小组活动中安排任务时，应该与对子活动类似，也要安排有兴趣的、明晰的、有针对性的任务，才能取得想要的效果。

（四）个人活动

个人活动是学生自身与英语本身、英语资料之间的交互关系，是反思学习效果的主动行为。在做阅读理解的时候，学生与作者蕴含在作品中的目的和思想之间的碰撞，在做听力的时候与语言本身之间的交流等活动都属于个人学习英语时的交互活动，有效的个人活动可以促使学生养成自觉学习英语的习惯。首先，教师应该督促并分析学生制订的学习计划，并让他们根据自身实际安排切实可行的短期目标和长远目标。其次，养成良好的习惯并坚持下去，如做笔记、课前预习、课后复习、多读多说多练等，偶尔也培养一下学生的应试策略，有利于提高学生的考试分数，分数高会激起学生的学习兴趣。最后，学生应该理性地看待学习中的困难，语言学习本来就是一个长期的过程，记单词难，写英语作文难，开口用英语交流也难，但这些"难"是正常的，每个学英语的人都会遇到。在这一方面，教师应该经常引导学生，鼓励他们，建立起积极情绪之后才能对学习英语有兴趣，产生对成功的期待。

从以上分析我们可以看出，在交互式课堂中所用的形式不是单一的，而是多种交互形式相结合共同推动学生对英语学习产生兴趣。只有多种活动一起运用，才能激发他们身上潜在的学习英语的兴趣并维持下去，而不是三天打鱼，两天晒网。在各类交互活动中，学生总会发现自己的兴趣点，在老师的指导下，与同学一起说英语、写英语、读英语，分享经验，不怕犯错，长期下去，学习英语就会变成一种习惯。如果课堂上缺少了交互活动，他们会觉得不习惯甚至不愉快，对他们而言，交互式课堂让他们学起英语来更加容易，进而对英语学习的兴趣越来越浓厚，这正是交互式课堂的目的，也能更好地实现英语教学的目标。

三、高中英语教学中学生自主学习能力的培养

（一）培养外语学习者自主性的必要性和可行性

1. 培养外语学习者自主性的必要性

（1）现代教育目标的需要

未来的社会是一个继续学习的社会，一个要求人们必须终身接受教育，不断自我发展与提高才能适应生存的社会，学习已成为一项终生任务，因此今天的教育应该以培养学习者自给自足的能力为目标，也就是说，应该以培养学生独立思考能力和自我管理能力为目标，为学生提供未来独立学习所需的技巧和能力，借以培养学生的学习自主性。正如古人云："授人以鱼，不如授人以渔。"

（2）学习者的个体认知差异的需要

首先，学习者的外语学习能力不同。如有的学习者善于学习语法知识，而有的则擅长于词汇学习。这就要求我们对不同学习能力的学习者提出不同的要求，采取不同的教学方法，提高其学习的积极性、主动性。其次，学习者的认知风格和认知策略不同。认知风格指学习者个体总的学习方法（不考虑学习任务），认知策略指对某一具体任务所采用的方法。比如，场依存与场独立，场依存风格较易把握事物、观点的全局；而场独立风格则擅长分析，能从整体中辨别部分，可集中精力于某件事，并能不受周围变项的干扰，分析各个变项。有研究证明，场依存风格的学习者在自然环境中能更好地习得外语，而场独立风格的学习者在以分析语言规则、句型操练为主的课堂学习中更能发挥优势。

（3）学习动机不同的需要

外语教学界大多数专家、学者都认为动机是影响外语学习速度和成功的主要因素之一，他们主要区分了两种不同类型的动机——"融入性动机"和"工具性动机"。有"融入性动机"的学习者喜欢并欣赏所学的语言以及与所学语言相联系的文化，希望自己更像目标语社会中的一个成员，并能为目标语社会所接受。有"工具性动机"的学习者则是把目标语看作一种工具，希望掌握目标语后能给自己带来实惠，如获得某种语言考试证书或找到一个更好的工作等。近年来，又出现了第三种动机，称为"个人动机"，即为了个人娱乐，如读外语书报、看外语影视、听外语歌曲、上互联网与外国人聊天、出国旅游等。受不同动机的驱使，学习者的学习目标与学习兴趣也各不相同，这也要求我们为学习者提

供一个自主学习的教学环境。

（4）学习策略应用的需要

语言学习策略一般指有助于语言学习的方法和行为，包括认知策略和元认知策略，认知策略指能直接促进语言学习的具体行为，直接操纵信息输入，采取的方法有重复、查阅资料、翻译、记笔记、推理、转换以及提问等；元认知策略指用来监控和管理语言学习过程的技能，如注意力导向、注意力选择、自我监控、自我评估及自我加强等策略。学习策略的训练会对外语学习有一定的效果。因此，我们应帮助学习者使用更有效的学习策略，这也要求我们针对学生的特点采用灵活多样的教学手段，这就意味着要提倡自主学习。

2. 培养外语学习者自主性的可行性

从历史背景来看，自主性学习观念的产生有其特定的社会条件、物质基础、教学环境和对象。因此，我们在考虑它对中国英语教学的启发及其在我国条件下的可行性时，要注意以下两个问题：

第一，我们应充分考虑到国情条件。国内英语教学大多依据全国统一的教学大纲，使用统一教材。在这种条件下，在特点较为一致的学生中（尽管有个性、学习风格、动机等差异）进行自主性学习的尝试就不能完全照搬国外那种外在的、形式上的自主性学习。

第二，正确对待自主性学习中师生角色的问题，这是需要转变观念的重要环节。外语教学中，树立以学生为主体、教师为主导的思想，注意培养学生独立学习能力和创新精神，从而促进学生个性发展，体现因材施教的教学原则。在这种大环境下探讨自主性学习对推动外语改革、提高学生全面素质将起着非常有意义的作用。

应该摒弃两种误解：一是认为自主性学习过分突出了学生的作用而否定了教师的作用。二是把自主性学习简单理解成就是个人的独自学习。实际上，自主性学习不等于没有教师的参与和领导，相反，指导学生更有效地、更主动地学习比仅仅一味地灌输语言知识更具挑战性。第二种误解涉及自主性学习的社会性。自主性学习不意味着忽视社会环境的个人主义，自主性学习的最终目的是培养学生逐步摆脱对教师的依赖，而在学习者中间建立起协调合作的关系，在与他人合作的过程中加深对自身的了解，从而完善自我。

总之，尽管自主性学习有其特定的历史和文化背景，但"他山之石，可以攻玉"，其中蕴含的主导思想可以给国内外语教学界带来不少启示。同其他学科领域一样，目前我国外语教学界正面临着培养21世纪人才，向素质教育转轨的挑战。如何培养学生摄取知识、应用知识和创造知识的能力，使学生终身受益，是每个外语教学工作者不可推卸的责任。

（二）在高中英语教学中开展自主学习的基本途径

自主学习能力不是一朝一夕能够形成的，需要一个长期而缓慢的过程，它要求教育者更新教学观念，重视并发挥学习者本身的积极作用，从主观和客观两个方面培养学习者，并最终促成学习者形成和运用这种能力。基于对自主学习及其影响因素的分析，教师在实践中可以从以下五个方面做起：

1. 促进学生内在学习动机的形成

在教师与学生构成的双边活动中，学习者是学习成功的第一要素，是内因，而其他因素都可视为外因。在教学中，我们应注重激发学生的学习动机，培养其求知兴趣，变"要我学"为"我要学"。

（1）发掘闪光点，提高自我效能感

在教学中，适时对学生进行激励，可以增强学生的自我效能感。教师注意多表扬，少批评，尤其对于那些学习有困难而自卑感很强的学生，教师应尽力发掘其身上的闪光点，多表扬鼓励，帮助其树立自信心，激发其奋发向上的动机，让学生在学习中经常体验到自己的进步。其次是期望激励，教师以满腔的爱心关心每一个学生，表明教师相信他们会取得学习上的成功。言语说服本身的效果并不太好，但是结合榜样的示范就能发挥较好的作用，尤其是那些与学生的情况相似的榜样，让学生观察榜样在学习上的成功，使他们相信如果自己进行尝试也可以取得同样的成功。

（2）创设良好教学情境，增强学习兴趣

自主学习模式下的英语教学要求教师创造有利于学生自主学习的社会环境和课堂环境，引导学生情境交融地进入角色，通过耳、眼、脑、口等多种器官的综合运用，成功实现"情感转移"，激发学生自主学习的热情，产生强烈的自主学习意识。例如，英语教师应大力鼓励学生积极参与课堂交际活动，如辩论、课前三分钟演讲、小组讨论、代表发言、故事接龙和角色扮演等，让学生在整个学习过程中保持兴趣。自主性学习强调学生之间和师生之间的合作，通过合作实现个体与个体之间相互交流的学习氛围，因此在开展这些语言交际活动时，英语教师作为学习合作者应主动积极地参与学生的学习过程，给予他们多方面的支持和指导，帮助他们顺利完成交际任务。

2. 培养学生的自我监控的学习能力

多年来，我国外语教学强调重模仿、记忆的语言技能训练，学生的思维能力、创新能力、分析问题和独立提出见解的能力没有得到应有的重视。随着教改的深入，学生能否运用自我监控策略愈来愈成为制约大幅度提高教学质量的关键因素。作为心理协调者，英语教师应帮助学生克服焦虑、紧张、羞怯等消极心理的影响，鼓励学生大胆地说英语，用英语正确地表达自己的思想，真正做到学以致用。作为评估者，英语教师在课堂交际活动中要留心学生的一举一动并记录在案，作为对学生平时成绩的考核，并及时给出反馈信息。除了教师对学生的评估外，教师也要鼓励并帮助学生学会自我评估，帮助他们监控学习过程，并鼓励学生互评。研究证明，学生的自我监控具有很大的可塑性，运用适当的教育和教学措施能极大地促进学生自我监控策略使用的有效性。

（1）指导学生制订学习计划

研究表明，我国高中学生英语学习的计划性不够强，即使有计划也难以保证实施。根据这一现象，英语教师应在课程开始前通过问卷调查和访谈等形式了解学生的需求、学习风格以及学习方面的困难，在此基础上帮助学生制订切实可行的英语学习计划。其中既应包括在听、说、读、写以及词汇和语法等方面的计划安排，还应包括对英语学习的认识、学习目的、学习时间表、短期和长期所要达到的目标等内容。可以要求学生先写出学习计划，然后把计划带入课堂与同学们一起讨论，教师可从中挑选一些典型的计划供学生分析讨论，最后引导学生改进学习计划。

（2）指导学生进行预习

课前预习能激发学生的求知欲望，发现问题，引起思考，使学生在上课时变被动为主动。教师首先应向学生提出预习的明确要求，如内容、目标。教师要精心设计出预习作业，设计的预习题要以旧带新，由浅入深，难易适度，对有一定难度的内容应先向学生做一些简单的提示，以免学生知难而退。教师同时还要教一些预习方法，给学生适当的学习方法指导，如教学生如何查词典、怎样使用工具书等。教师将全班同学的问题集中起来，让他们共同质疑解难，这样既能开发他们的智力，又能把思维和自觉性调动起来，让学生产生求知欲望。

（3）指导学生提高听课效果

要做到这一点，首先，教师应减少讲课时间，增加学生独立阅读、观察、辩论、写作课时，充分实现在教师指导下的自主学习、合作学习、创造性学习，并利用多媒体技术构建情境教学模式，较大幅度增加活动课，拓宽学生的知识面，改变学生从单一角度思考的思维定式，形成多维、立体的思维方式。其次，教师应努力使英语课形成"自主"课堂：学生独立阅读课文—学生质疑、问难—教师答疑点拨—学生巩固拓展。即学生自己阅读课文，了解概貌、内容，厘清脉络；学生尝试解答习题，质疑问难；教师进行答疑、启发、点拨，形成中心，确定学习目标，真正做到学生能自己理解的，教师坚决不多讲，引导学生独立感悟；教师组织学生对自学课文的情况进行汇报交流、讨论、概括、分析，以实际运用解决问题。最后，引导学生学习与课堂知识相关的、新颖的拓展性知识，使主干知识与拓展性知识相互作用，并在课堂教学结束前提出问题由学生课后探索，由课内引向课外，由学校引向社会，拓宽学生学习的视野。

作为学生，要积极配合教师参加讨论，因为外语课堂是学生进行模拟交流的场所，学生互为对手，互为目标，也互受影响，完全体现了学生在英语课堂教学中的主体作用。这种教学的效果较好，因为学生间的操练活动可以减轻学生的心理压力，操练内容适合学生的需要，操练方式多样化和具有趣味性，能更好地集中注意力和利用无意注意，并因此激发学生自主学习的积极性，特别是在形成了相互学习、相互借鉴、取长补短的班级文化氛围以后，效果尤为显著。

（4）指导学生对英语课复习情况进行监控

教师要求学生课后对学习内容进一步进行概括和归纳总结，让学生尝试归纳所学知识的要点和难点，加强综合对比，以加深认识，增强记忆效果，同时寻找和弥补知识的缺漏，及时复习巩固所学要点。复习的内容包括听、说、读、写、译，方法为操练、组合、运用。复习的步骤可分为回想、联系、整理，以加深认识和加强记忆。教师可以布置适当的练习题，提高学生实际运用语言的能力。教师要让学生活学活用，多利用所学到的英语知识进行交际活动，培养听说能力；用语言表达自己的思想。平时教师可指导学生用英语写日记、改写课文或例题写作，以提高英语写作能力。复习的最佳方法是运用，实践出真知，只有不断地运用所学的英语知识才能掌握它，只有在不断的语言实践中才能挖掘和培养学生的英语学习自主性。

3. 加强学法指导和训练，使学生会学

我国语言学家吕叔湘先生说过："教学，教学，就是要教学生怎么学。"由此可以看出，教师教的目的是让学生会学，使学生实现由"学会"到"会学"的质的飞跃。

（1）对学生进行词汇技能训练

为了让学生快速高效地掌握并运用单词，我们对词汇进行系统的学习，即把单词按读音、词性、拼写、词义等重新编排，让学生在认知活动中寻找规律、总结方法。

（2）对学生进行语法技能训练

传统的语法教学是按照"讲、学、练"的教学思路进行的，语法教学的误区表现在教学周期过长。虽然教师讲得头头是道，可是学生听得云里雾里，更谈不上恰当应用。例如，教授一个时态用半年时间，学生难以进行真实交际。这种语法教学完全违背了语言的交际性原则。

采用语法集中教学，即将语法表格化、公式化，把最常用的、最有规律的语法集中起来，略讲一遍，让学生有初步的了解和印象，为日常生活奠定基础。随着以后教学的深入，按传统的教学要求进行第二次语法教学，这时学生理解起来很容易，达到了易学的目标。这种教学符合语言的运用原则，使课堂教学做到交际化，交际也达到了生活化，充分调动了学生的积极性，使学生不仅利用有限的课堂时间学会了知识，还掌握了学习英语的规律与方法，培养了自主学习的能力。

（3）对学生进行阅读技能训练

学生在课堂上的阅读时间是有限的，在这段有限的时间内阅读所有的学习材料既不可能也没必要，阅读课的主要任务不仅是"读什么"，更重要的应该是"如何读"，在教学中我们可以在以下三个方面做出努力：

首先是阅读材料的选择。选择阅读材料时要看它的编排内容是否包含系统的学习策略训练项目，二要看文章内容是否符合学生的需要和兴趣。学生阅读感兴趣的材料才能刺激他们读得更多、阅读的速度更快、理解的程度更深，他们就进入了一个优秀读者的良性循环。因此，教师应该考虑学生的学习目的和兴趣，选择的阅读材料应该能帮助学生有效地达到自己的目的。近期原版书刊的文章能提供最新的语言材料和最真实的阅读训练。另外，应适当控制文章的难易程度，生词量最好限制在全文字数的3%左右，否则就谈不到学习策略的选择和使用。

其次要重视词汇习得。词汇是通向意义的桥梁，是影响英语阅读效果的重要因素，快速的阅读和准确的理解都必须建立在一定词汇量的基础上，如果词汇量太小，则不可能进行有效的外语阅读。阅读教学的实践告诉我们，词汇量的积累和阅读能力的提高成正比，又是互为促进的过程。

最后要重视阅读策略的指导。英语阅读策略是英语阅读过程中有意识灵活运用一系列阅读方法和技能的阅读学习过程和调控阅读环节的操作过程，它包括英语阅读认知策略和英语阅读元认知策略。英语阅读认知策略相当于人们通常说的英语阅读技能和技巧，概括起来如下：览读、跳读、词句义分析、推理判断、记笔记；英语阅读元认知策略包括确立目标、制订计划、材料选择、自我监控、自我评估和寻求帮助。

（4）对学生进行听力技能训练

在日常交际中，听甚至比读更为直接、快捷地使我们获取各种各样的语言信息，因此，指导并训练学生掌握一定的听力技能，也是培养他们自主学习能力不可少的环节之一。

众所周知，音乐能吸引人，学生喜欢听英语歌曲，我们可以收集一些文字优美的英美流行歌曲，制作成课件成为听力课的教材，主要让学生听歌填词。另外，在时间许可的情况下穿插一些教学录像带，如《走遍美国》，这些录像带图像生动、语音标准，内容是现代美国家庭的一些生活小故事，语言地道生动，能很好地引起学生听的兴趣。人脑记忆活动中，形象信息的记忆要比语言文字信息的记忆牢固。我们还可以通过竞赛、评比、奖励相结合的方法来激发学生的成就感，因为心理学认为竞赛和评比可以产生强大的内驱力，而奖励又可以让学生体验成功的愉快情绪，从而激起学生进一步学习的欲望。

参考文献

[1] 何亚男,金怡,张育青,等.高中英语课堂教学设计丛书:高中英语写作教学设计 [M].上海:上海教育出版社,2017.

[2] 姚娟.高中英语教学研究 [M].北京:北京燕山出版社,2017.

[3] 郑明琴.高中英语教学与素质教育 [M].北京:北京燕山出版社,2017.

[4] 吕志平.高中英语教学实践研究 [M].广州:广东旅游出版社,2017.

[5] 王燕萍.高中英语教学问题与解惑 [M].西宁:青海民族出版社,2017.

[6] 唐晓泫.高中英语教学实践研究 [M].上海:上海交通大学出版社,2017.

[7] 朱敏.高中英语教学与阅读写作 [M].北京:北京燕山出版社,2017.

[8] 赵书夏.高中英语教学方法实践 [M].北京:团结出版社,2017.

[9] 周瑞华.高中英语教学理论研究 [M].延吉:延边大学出版社,2017.

[10] 杨志涛.高中英语教学与文化阅读研究 [M].长春:吉林美术出版社,2017.

[11] 李学涛.高中英语教学中的文化视角 [M].北京:北京燕山出版社,2017.

[12] 何亚男,金怡,张育青.高中英语课堂教学设计丛书:高中英语词汇教学活动设计 [M].上海:上海教育出版社,2018.

[13] 刘丽.微课之助推高中英语教学新模式 [M].长春:吉林人民出版社,2018.

[14] 李淑峰.高中英语教学与创新研究 [M].长春:吉林人民出版社,2018.

[15] 郑强.高中英语课堂教学探索与创新 [M].北京:新华出版社,2018.

[16] 王志勇.高中英语个性化课堂教学的研究与实践 [M].长春:吉林人民出版社,2018.

[17] 朱少彪.基于核心素养的高中英语听力词汇教学初探 [M].沈阳:辽海出版社,2018.

[18] 田月梅.高中英语教学研究 [M].长春:东北师范大学出版社,2018.

[19] 杨斌,姚晶波,赵志成.高中英语教学研究 [M].长春:吉林大学出版社,2018.

[20] 何泽.高中英语文学阅读教学行动研究 [M].武汉:武汉大学出版社,2019.

[21] 曲业德.高中英语教学实践创新 [M].北京:现代出版社,2019.

[22] 晁友波.高中英语课堂教学模式创新 [M].北京:现代出版社,2019.

[23] 文亚光,郑春红.语篇视角下的高中英语阅读教学 [M].成都:西南交通大学出版社,2019.

[24] 张学顺 . 高中英语新课程教学策略探索 [M]. 广州 : 广东世界图书出版有限公司 ,2019.

[25] 吕寅梅 . 高中英语阅读教学研究与实践 [M]. 北京 : 光明日报出版社 ,2019.

[26] 李留建 . 高中英语教学设计 [M]. 北京 : 外语教学与研究出版社 ,2020.

[27] 黄少华 . 新时代高中英语教学的研究与探索 [M]. 长春 : 吉林人民出版社 ,2020.

[28] 余海进 , 周兴斌 , 孙芳来 . 核心素养理念下的高中英语教学策略研究 [M]. 长春 : 吉林人民出版社 ,2020.

[29] 曹锋 . 高中英语项目式教学实践研究 [M]. 济南 : 山东科学技术出版社 ,2020.

[30] 汪溦 , 翁就红 , 王阁 . 高中英语词汇教学策略探讨 [M]. 长春 : 吉林人民出版社 ,2020.